Juliane Stubenrauch-Böhme

Die schnelle Stunde

Deutsch

30 originelle Unterrichtsstunden ganz ohne Vorbereitung

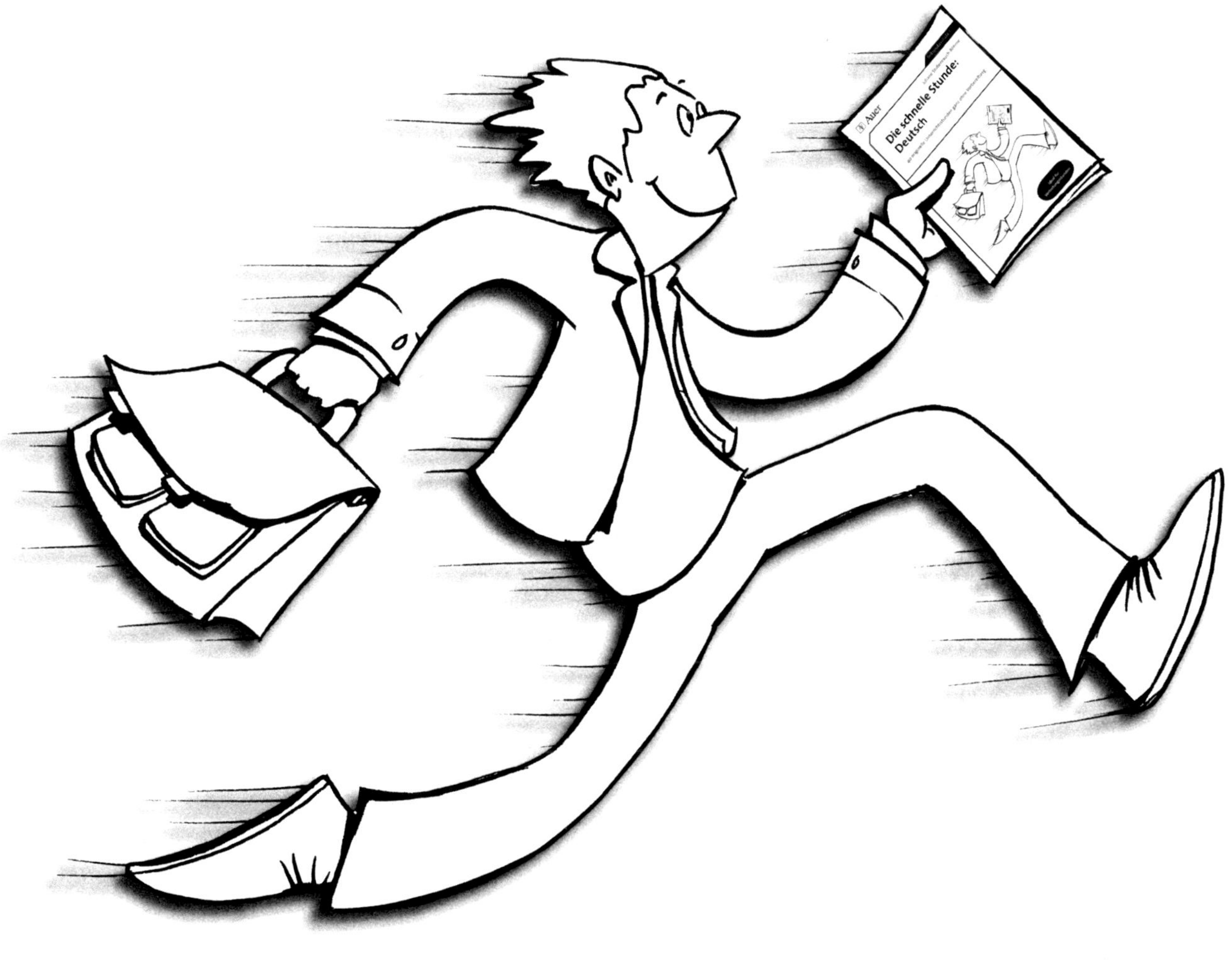

Auer

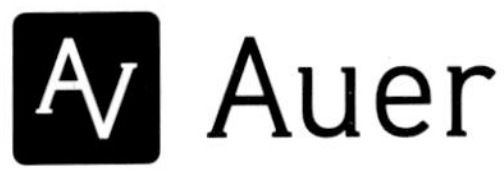

Quellennachweis

S. 9 – 11: Das Bildnis. Nach: https://unterrichten.zum.de/wiki/Jahrgangsstufentest/Deutschtest_Klasse_6_2011 [12.10.2023]

S. 25: Der verdächtige Rauch. Aus: e. o. plauen „Vater und Sohn" in Gesamtausgabe Erich Ohser, Südverlag GmbH, Konstanz, 2000

S. 28: Der Zauberlehrling. https://de.wikipedia.org/wiki/Der_Zauberlehrling [12.10.2023]

S. 47: Rotkäppchen, wie es der Jurist erzählt. Thomas Hiller, https://www-user.tu-chemnitz.de/~heha/toaster/bl6.htm [12.10.2023]

S. 51: Die goldene Gans. https://hekaya.de/maerchen/die-goldene-gans--grimm_khm_64.html [12.10.2023]
Schneewittchen. Nach: https://www.projekt-gutenberg.org/grimm/maerchen/chap150.html [12.10.2023]
Dornröschen. https://maerchen.com/grimm/dornroeschen.php [12.10.2023]
Aschenputtel. Nach: http://www.maerchen.org/grimm/aschenputtel-seite-4.htm [12.10.2023]
Rumpelstilzchen. https://www.grimmstories.com/de/grimm_maerchen/rumpelstilzchen [12.10.2023]
Froschkönig. Nach: https://www.grimmstories.com/de/grimm_maerchen/der_froschkonig_oder_der_eiserne_heinrich [12.10.2023]
Frau Holle. http://www.goethe.de/lrn/prj/mlg/mad/gri/de9114028.htm [12.10.2023]

S. 54: Fabel 1. Nach: https://hekaya.de/fabeln/vom-raben-und-fuchs--luther_4.html [12.10.2023]
Fabel 2. Nach: https://hekaya.de/fabeln/mit-dem-loewen-jagen--luther_5.html [12.10.2023]

S. 59: Belsazar. https://www.projekt-gutenberg.org/heine/gedichte/chap222.html [12.10.2023]

S. 65: Sommerlied. https://de.wikisource.org/wiki/Vf_dem_berge_vnd_in_dem_tal [12.10.2023]

6. Auflage 2024

Autor*innen: Juliane Stubenrauch-Böhme
Illustrationen: Barbara Schumann, Stefanie Aufmuth, Julia Flasche
Umschlagillustration: Julia Flasche
Satz: Typographie & Computer, Krefeld
Druck und Bindung: SDK Systemdruck Köln GmbH & Co. KG, Köln
ISBN 978-3-403-**06644**-6

www.auer-verlag.de

Inhaltsverzeichnis

Vorwort

Liebe Kolleginnen und Kollegen,

Vertretungsstunden gehören für uns alle zum Schulalltag und jeder kennt die Problematik, wenn man spontan und ohne Vorbereitungszeit in fremden Klassen unterrichten muss.
Aber gerade diese Stunden bieten auch Gelegenheit, ganz ohne Notendruck neue Erfahrungen zu machen und Interesse und Neugier der Schüler zu wecken. Viele der vorgestellten Stunden bieten Ansätze, Wissen spielerisch und interaktiv zu erwerben, wofür im regulären Unterricht häufig die Zeit fehlt.
Diese Handreichung aus der Reihe „Die schnelle Stunde" beinhaltet Stundenkonzepte und Materialien für das Fach Deutsch, die Sie (fast) ohne Vorbereitung in Vertretungsstunden oder auch im regulären Deutschunterricht einsetzen können. Zu den einzelnen Lernbereichen des Deutschunterrichts, *Sprechen – Schreiben – Sprache untersuchen, verwenden und gestalten – Umgang mit Literatur – Nutzung und Reflexion von Medien*, finden Sie jeweils verschiedene Vorschläge sowie zwei Stunden zur *Verbesserung der Konzentration und des Klassenklimas.*

Zur schnelleren Orientierung wird bei jeder Stunde vermerkt, in welchen Jahrgangsstufen ein Einsatz im Hinblick auf das Vorwissen der Schüler sinnvoll erscheint. Die Stunden sind dabei in aufsteigender Reihenfolge angeordnet. Zusätzlich wird die Dauer angegeben und auch, ob Material vorzubereiten ist. Immer werden die jeweiligen Lernziele benannt und der Stundenablauf skizziert. Ebenso aufgeführt werden Varianten, Tipps und ob es möglich ist, die Unterrichtsstunde zu erweitern. Die meisten Stunden enthalten ein oder mehrere Arbeitsblätter, aus denen Sie individuell auswählen können.

Für eine Orientierung auf einen Blick wurden regelmäßig wiederkehrende Begriffe mit den folgenden Icons veranschaulicht:

Ich wünsche Ihnen viel Freude und Erfolg mit den vorgestellten Materialien.

Juliane Stubenrauch-Böhme

Anmerkung: Wenn in diesem Buch von Schüler gesprochen wird, ist immer auch die Schülerin gemeint. Ebenso verhält es sich mit Lehrer und Lehrerin.

Übersichtstabelle zu allen schnellen Stunden

	Kl. 5	Kl. 6	Kl. 7	Kl. 8	Kl. 9	Kl.10	kopieren	Material	evtl. Material	erweiterbar auf 90 min
Lese-/Vorleseübungen	x	x	x				x			x
Tabu: Umgangssprache	x	x	x	x	x	x	x		x	
Wörterbuch – Berater in allen Lebenslagen			x	x	x		x	x		
Rhetorische Übungen			x	x	x	x	x		x	x
Erörtern mit Dominokarten/Podiumsdiskussion			x	x	x	x	x			x
Nonsens-Debatten				x	x	x	x			
Diskussionsrunde mittels Fragewürfel				x	x	x	x		x	x
Bildgeschichten-Erlebniserzählungen	x	x					x			x
Hörgeschichten	x	x	x	x					x	
Goethe: „Der Zauberlehrling“			x	x			x			x
Kreatives Schreiben: Eine Geschichte in drei Variationen		x	x	x	x					x
Stadt-Land-Fluss	x	x								
Wortartenbingo	x	x								
Wörter versenken	x	x					x			
Homonyme-Ratespiel	x	x	x				x			
Fehlertext ohne Punkt und Komma	x	x	x	x			x			
Memory®: Stilmittel/Wortarten	x	x	x	x	x	x	x			
Sprichwörter/Redensarten			x	x	x		x		x	
Rotkäppchen vier Mal anders					x	x	x			
Märchenwerkstatt	x	x					x			x
Fabeln erschließen und selbst verfassen		x	x				x			x
Fabeln in einen Comic umsetzen		x	x				x			x
Balladenanalyse und szenischer Vortrag/Hörspiel	x	x	x	x			x		x	x
Umgang mit Anekdoten			x				x			x
Mittelhochdeutsch: „Dû bist mîn, ich bin dîn“; Neidhart „Sommerlied“			x				x			
Assessment-Center für Reporter (Beschreiben)	x	x	x				x	x		
Geschichten aus Werbeanzeigen	x	x	x	x			x		x	
Bibliotheksbesuch/„Überraschungsbüchertasche“	x	x	x	x	x	x			x	
Ein Koffer voll Glück und der große Applaus	x	x	x							
Neugierig sein	x	x	x					x		

Lese-/Vorleseübungen

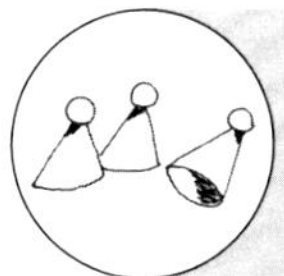

5.–7. Klasse

45–90 min

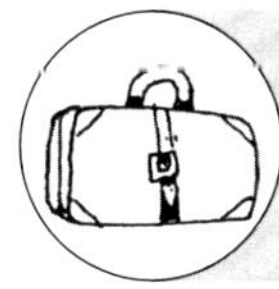

Arbeitsblätter

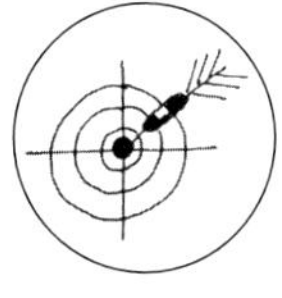

Förderung verschiedener Bereiche des Lesens, Freude am Lesen

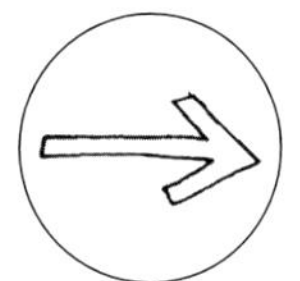

Arbeitsblätter kopieren

Zu Beginn der Stunde führt der Lehrer mit den Schülern ein Brainstorming zum Begriff „Lesen" durch und sammelt anschließend mit der Klasse an der Tafel Aspekte, die für lebendiges Vorlesen wichtig sind.
Dann erfolgt ein Verweis auf das weitere Vorgehen bzw. das Arbeitsthema für die Stunde: Die Schüler sollen verschiedene Lesetechniken, wie vorausschauendes, langsames und genaues, sinnstiftendes Lesen sowie Lesen unter schwierigen Bedingungen, üben. Dafür erhält jeder Schüler ein Arbeitsblatt mit Leseübungen für diese Stunde. Zuvor muss allerdings thematisiert werden, dass die Einhaltung eines angemessenen Lärmpegels zusammen mit einer konzentrierten Lernatmosphäre unerlässlich ist, damit sich alle auf ihre jeweilige Übung konzentrieren können. Auch die Regeln fürs Lesenüben sollten vor der Übungsphase im Plenum besprochen werden.
Nach Bearbeitung des Arbeitsblattes/der Arbeitsblätter können einzelne Schüler die Übungen im Plenum vortragen. Man kann dies auch als Wettbewerb gestalten, indem mehrere Freiwillige gegeneinander antreten und der beste Vorleser der Klasse ermittelt wird.

Vorschlag für ein Tafelbild:

Was ist wichtig für lebendiges Vorlesen?

- passende Geschwindigkeit
- angemessene Lautstärke
- sinngemäße Betonung
- deutliche Aussprache etc.

Man kann die Schüler beim zweiten Durchgang der Übungen in Teams einteilen und arbeiten lassen. Dann fällt auch das Zeitnehmen leichter (siehe Leseübungen).
Steht eine Doppelstunde zur Verfügung, können die Schüler in Anlehnung an die bearbeiteten Übungen selbst weitere Leseübungen mit Texten aus ihren Schulbüchern gestalten.

Um die Lautstärke in der Klasse zu regulieren, kann der Einsatz eines Gongs hilfreich sein.

Regeln fürs Leseüben

1. Wichtig ist, genau und gründlich zu arbeiten, und nicht, besonders schnell fertig zu werden. Denn nur so kann man lernen.

2. Bearbeite jede Übung zweimal.

3. Notiere zu jeder Übung und zu jedem Durchlauf die Zeit, die du benötigt hast, und die Anzahl der Fehler, die dir unterlaufen sind.

4. Wenn du alle Übungen bearbeitet hast, kannst du deine Ergebnisse überprüfen.
   Markiere alle Übungen, die dir keine Probleme bereitet haben oder bei denen du dich beim zweiten Durchlauf deutlich verbessert hast, mit einem grünen Stift.
   Markiere die Übungen rot, die dir schwergefallen sind.

Folgende Bereiche kannst du heute üben:

- vorausschauendes Lesen
- langsames und genaues Lesen
- sinnstiftendes Lesen
- Lesen unter schwierigen Bedingungen

Tipps für zu Hause

Grundsätzlich gilt:

- Nimm dir genügend Zeit und lies ruhig und langsam!
- Verbessere nicht immer deine Fehler, sondern achte vielmehr darauf, flüssig zu lesen.
- Schwierige Stellen solltest du mehrmals lesen.
- Achte auf lebendiges Vorlesen!

Hinweise für Leseübungen:

- Wenn dir eine Stelle in dem Buch, das du gerade liest, besonders gefällt, dann übe an dieser Stelle lebendiges Vorlesen. Du kannst dein Vorlesen auch aufzeichnen und dir dann selbst zuhören.

- Eine weitere Möglichkeit wäre – mit Freunden zusammen – ein kleines Hörspiel aus dieser Szene zu machen.

- Du kannst ein Buch beim Lesen mit beiden Händen halten und es während des Lesens im Kreis bewegen. Versuche, die Zeile nicht zu verlieren und ruhig weiterzulesen!

- Decke jeweils die Hälfte der Buchstaben der Zeile, die du gerade liest, mit einem Blatt Papier ab und ergänze beim Vorlesen den unsichtbaren Teil (siehe Leseübung 2)! Übe zunächst mit einem dir bekannten Text, bevor du dich an einen unbekannten wagst!

Leseübungen zur Erzählung „Das Bildnis“ (unbekannter Verfasser)

Leseübung 1

Versuche, den folgenden Text fehlerfrei zu lesen, und zwar möglichst innerhalb einer Minute.
Notiere deine Zeit und die Fehler, die dir unterlaufen sind.

1. Durchgang: Zeit: ____________ Fehler: ____________

2. Durchgang: Zeit: ____________ Fehler: ____________

In einer Stadt lebte ein reicher Kaufmann, dem hatte sein Geldbeutel mit der Zeit auch Zutritt in die Häuser der vornehmsten Standespersonen verschafft, obwohl er wegen seines Geizes überall verschrien war. Dort sah er in den Ehrenzimmern die Bildnisse ihrer Eltern und Voreltern hängen, auch von anderen Männern ihres Namens, die sich im Felde ritterlich gehalten oder hohe Ämter innegehabt hatten.

Leseübung 2

Lies den Text leise durch. Achte darauf, kein Wort auszulassen, auch wenn du es nicht sofort entziffern kannst.
Notiere deine Zeit und die Fehler, die dir unterlaufen sind.

1. Durchgang: Zeit: ____________ Fehler: ____________

2. Durchgang: Zeit: ____________ Fehler: ____________

Das brachte ihn auf den Gedanken, auch sich selber bei der Nachwelt ein solches Andenken zu verschaffen. Er begab sich darum zu dem berühmtesten Maler der Stadt und erklärte ihm seine Meinung. Wie er gesonnen sei, seinen Nachkommen ein Zeichen seiner Person, das solle heißen, ein getreues Bildnis seiner selbst zu hinterlassen, aus welchem Grunde ihn der Maler in vollständiger Natur und Lebensgröße abkonterfeien sollte. Der Maler war einverstanden, und sie kamen gegen einen stattlichen Preis in Reichstalern in der Sache überein.

Leseübungen zur Erzählung „Das Bildnis“ (unbekannter Verfasser)

Leseübung 3

Lies den Text möglichst zügig und ohne Fehler. Setze hierfür die Wörter, die an die Ränder gewandert sind, beim Vorlesen wieder ein.
Notiere deine Zeit und die Fehler, die dir unterlaufen sind.

1. Durchgang: Zeit: __________ Fehler: __________

2. Durchgang: Zeit: __________ Fehler: __________

Der Maler sich auch alsbald an die Arbeit, mit großem Fleiß *machte*
besten und seiner Kunst. Nachdem er in seiner Werkstatt
noch einmal Hand angelegt hatte, brachte er dem Kaufmann *letzte*
das Bildnis in sein Haus, um zugleich die vereinbarten *fertige*
Reichstaler in Empfang . Aber den Kaufmann hatte *zu nehmen*
bereuen sein Geiz inzwischen längst lassen, so viel Geld für
Einwände eine Malerei auszugeben, darum machte er allerlei .

Leseübung 4

Lies den Text möglichst zügig und ohne Fehler. Wähle hierfür immer den passenden Begriff aus.
Notiere deine Zeit und die Fehler, die dir unterlaufen sind.

1. Durchgang: Zeit: __________ Fehler: __________

2. Durchgang: Zeit: __________ Fehler: __________

Zuletzt erklärte er dem Maler: „Ich bin auf dem (*Bild/Foto*) überhaupt nicht getroffen. Ihr selber (*könnt/möget*) ein weißes Gesicht haben, aber ich, beispielsweise, bin braun. Auch habt ihr mir nur kleine Augen (*gezeichnet/gemalt*), aber meine sind groß, und dass ihr meine Nase verfehlt habt, sieht ein (*Kind/Huhn*) auf den (*zweiten/ersten*) Blick. Kurzum, die Person auf dem Bilde möge sein, wer sie wolle, aber ich bin es auf keinen (*Absprung/Fall*), und somit muss ich euch ersuchen, das Gemälde wieder (*einzupacken/mitzunehmen*).“

------------------------------ *hier umknicken* ------------------------------

Kontrolltext zu Leseübung 4:

Zuletzt erklärte er dem Maler: „Ich bin auf dem **Bild** überhaupt nicht getroffen. Ihr selber **möget** ein weißes Gesicht haben, aber ich, beispielsweise, bin braun. Auch habt ihr mir nur kleine Augen **gemalt**, aber meine sind groß, und dass ihr meine Nase verfehlt habt, sieht ein **Kind** auf den **ersten** Blick. Kurzum, die Person auf dem Bilde möge sein, wer sie wolle, aber ich bin es auf keinen **Fall**, und somit muss ich euch ersuchen, das Gemälde wieder **mitzunehmen**.“

Leseübungen zur Erzählung „Das Bildnis" (unbekannter Verfasser)

Leseübung 5

Lies den Text möglichst zügig und ohne Fehler. Ergänze hierfür die fehlenden Buchstaben.
Notiere deine Zeit und die Fehler, die dir unterlaufen sind.

1. Durchgang: Zeit: ____________ Fehler: ____________

2. Durchgang: Zeit: ____________ Fehler: ____________

Dr Mlr mrkt whl, ws d Glcke gschlgn htt, nd nhm ds Bld auch wder mt. Zu Hause br mlt er dm Kafmnn sttt sns Hts n Nrrnkappe und zg hm dn bnten Kttel eines Zhnbrechers an, wie sie af dn Jhrmrktn herumschrn. Dnn stllt r das Bld vr sner Wrksttt zum Vrkf aus.

Leseübung 6

Lies den Text möglichst zügig und ohne Fehler. Das ist nicht ganz einfach, denn jedes Wort ist „rückwärts" geschrieben!
Notiere deine Zeit und die Fehler, die dir unterlaufen sind.

1. Durchgang: Zeit: ____________ Fehler: ____________

2. Durchgang: Zeit: ____________ Fehler: ____________

Sad reba etnnok red nnamfuaK thcin nedlud, dnu ad red relaM hcis gikcäntrah etregiew, sad dliB nie setiewz laM uz nrednä dnu ni nenies netla dnatsuZ neztesre-vuzkcüruz, os beilb mhi ma ednE sthcin girbü, sla rhemnun eid etleppod emmuS ni nrelatshcieR rüf nies sindliB uz nelhaz, timad eid ehcaS run sua red tleW emmok.

-- *hier umknicken* --

Kontrolltext zu Leseübung 5:

Der Maler merkte wohl, was die Glocke geschlagen hatte, und nahm das Bild auch wieder mit. Zu Hause aber malte er dem Kaufmann statt seines Hutes eine Narrenkappe und zog ihm den bunten Kittel eines Zahnbrechers an, wie sie auf den Jahrmärkten herumschreien. Dann stellte er das Bild vor seiner Werkstatt zum Verkauf aus.

Kontrolltext zu Leseübung 6:

Das aber konnte der Kaufmann nicht dulden, und da der Maler sich hartnäckig weigerte, das Bild ein zweites Mal zu ändern und in seinen alten Zustand zurückzuversetzen, so blieb ihm am Ende nichts übrig, als nunmehr die doppelte Summe in Reichstalern für sein Bildnis zu zahlen, damit die Sache nur aus der Welt komme.

Tabu: Umgangssprache

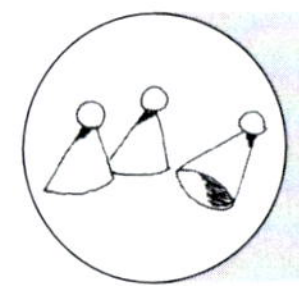

5.–10. Klasse

45 min

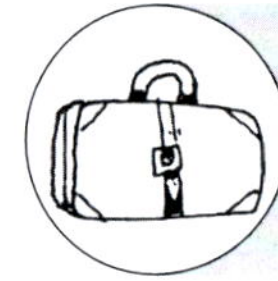

Karten mit jeweils zu erklärendem Wort und den Tabuwörtern bzw. Blankokarten

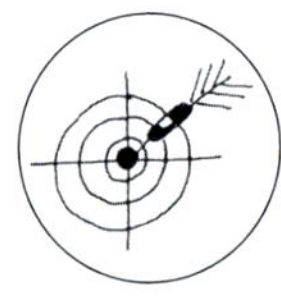

Schlüssiges, präzises Beschreiben

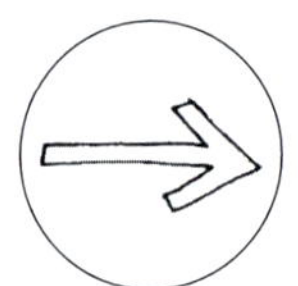

Kopieren des Arbeitsblattes, Blankokarten

Die Schüler werden in zwei Gruppen aufgeteilt, die gegeneinander spielen. Ein Schüler erhält eine Karte und versucht, seinem Team den hervorgehobenen Begriff zu erklären, ohne die darunter aufgeführten Tabuwörter zu benutzen. Ein Spieler der anderen Gruppe kontrolliert, ob keines der aufgelisteten Wörter benutzt wird. Wenn ein Tabubegriff verwendet wurde, muss ein anderer Begriff erklärt werden. (Es kann auch für jedes verwendete Tabuwort ein Punkt abgezogen werden.) Für jeden erratenen Begriff erhält das Team einen Punkt. Kann das entsprechende Team den erklärten Begriff nicht raten, erhält das andere Team den Punkt.
Nach einer Minute darf das andere Team erklären und raten.

Nach einer ersten Runde kann man die Schüler weitere Tabukarten zum Thema erstellen lassen.

Man kann das Spiel noch abwechslungsreicher gestalten, wenn man statt der Tabuwörter auf manche Karten die Anweisungen *Stelle den Begriff pantomimisch dar!* oder *Zeichne den Begriff!* schreibt.

Mehr Dynamik erhält man, wenn man die Begriffe paarweise von zwei Mitgliedern aus den unterschiedlichen Gruppen erklären lässt: Die beiden Spieler nennen jeweils abwechselnd einen erklärenden Satz. Die Gruppe des Schülers, der den Begriff errät, erhält einen Punkt.
Den Schwierigkeitsgrad kann man mit der Anzahl der Tabuwörter variieren. Je mehr Begriffe vermieden werden müssen, desto schwieriger wird die Erklärung.

Weitere Themengebiete:
- Jugendsprache
- rhetorische Mittel
- grammatische Begriffe

Tabukarten

blechen	Klamotten	abwürgen	Streber
zahlen kaufen Geld Münze	anziehen Kleider Kleidung Bekleidung	verhindern abhalten stoppen hindern	Schule lernen gute Noten Schüler
mopsen	**veräppeln**	**Quatsch**	**Kumpel**
wegnehmen klauen stehlen entwenden	s. lustig machen auf den Arm nehmen zum Narren halten täuschen	Unsinn verkehrt sein Geschwätz Blödsinn	Freund Bergmann Kamerad Bekannter
trödeln	**Klemme**	**Spicker**	**motzen**
bummeln s. Zeit lassen langsam sein spazieren	Notlage Schwierigkeit Patsche Problem	kleiner Zettel Papier schummeln schreiben	maulen nörgeln jammern murren
schwanen	**Affentheater**	**Drahtesel**	**Glotze**
ahnen dämmern vorhersehen vermuten	Heidenlärm Zirkus Krach Getöse	Fahrrad Rad Rad fahren Fahrzeug	Fernseher fernsehen schauen TV
Wisch	**Zoff**	**durchrasseln**	**Knicker**
Schriftstück Papier Dokument Beleg	Ärger Streit Unfriede Krach	in Prüfung durchfallen nicht bestehen sitzenbleiben nicht versetzt werden	Geiz Geld Habgier sparsam
pennen	**schwätzen**	**Veilchen**	**deichseln**
schlafen schlummern schnarchen Nacht	reden Unterricht flüstern plaudern	blaues Auge Faust Gewalt Prügelei	etw. lösen etw. geschickt ausführen etw. hinbekommen meistern

Wörterbuch – Berater in allen Lebenslagen

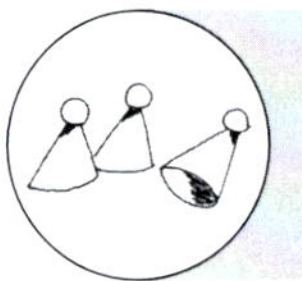

7.–9. Klasse

45 min

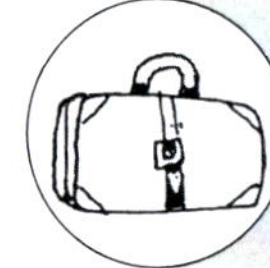

Wörterbuch, Tafel, Papier, Stift

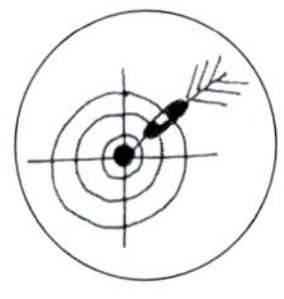

Vertrautwerden mit dem Wörterbuch, freies Sprechen

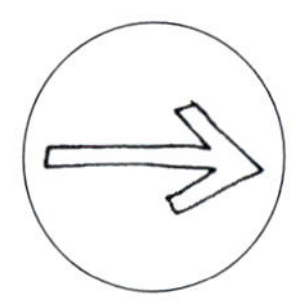

Wörterbuch bereitlegen

Zu Beginn der Stunde stellt der Lehrer die Frage, wofür und in welchen Situationen man ein Wörterbuch benutzt. Dann macht der Lehrer den Vorschlag, das Wörterbuch in dieser Stunde als Ratgeber in schwierigen Lebenslagen zu benutzen. Dazu bittet der Lehrer die Schüler, einige solcher Probleme des alltäglichen Lebens an die Tafel zu schreiben, z. B.:

- *Was soll man machen, wenn man eine Erkältung hat?*
- *Was ist zu tun, wenn man die Hausaufgaben vergessen hat?*
- *Das Taschengeld ist schon am 20. des Monats ganz aufgebraucht.*

Nun muss ein Schüler mit geschlossenen Augen das Wörterbuch an einer beliebigen Stelle aufschlagen und mit dem Finger auf irgendeine Stelle tippen. Dieser Eintrag wird laut vorgelesen, z. B.:

Odys|see, die; -, ...seen (*nur Sing.*: griech. Heldengedicht; *übertr. für* Irrfahrt)

Aufgabe der anderen Schüler ist es jetzt, ausgehend von dem vorgelesenen Wörterbucheintrag, einen Rat zu geben, um eines der festgehaltenen Probleme zu lösen. So könnte ein Schüler für den Fall der Erkältung vorschlagen:

Man bleibt am besten im Bett und liest in aller Ruhe die Odyssee.

Ein weiterer Schüler könnte vorschlagen, dass ...

Wenn genügend Wörterbücher vorhanden sind, kann man die Schüler in mehreren kleinen Gruppen arbeiten lassen. Es werden hier ebenfalls zunächst problematische Situationen gesammelt, dann Ratschläge erteilt und diskutiert. Die gelungensten Beispiele werden dem Plenum präsentiert.

Die Schüler können sich auch im Anschluss in ihren Kleingruppen (Gesprächs-)Szenen ausdenken, in denen diese Ratschläge erteilt werden, und diese dann vorspielen.

Man kann natürlich auch ein Wörterbuch mit Sprichwörtern und Redensarten verwenden.

Rhetorische Übungen

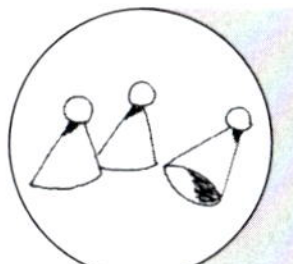

7.–10. Klasse

45–90 min

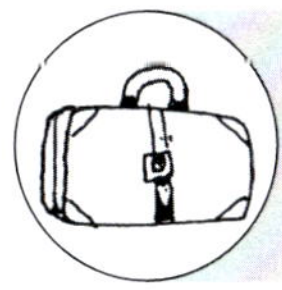

Arbeitsblätter, Schülerheft, evtl. Korken, beliebiger Text, Karten für spontanen Vortrag

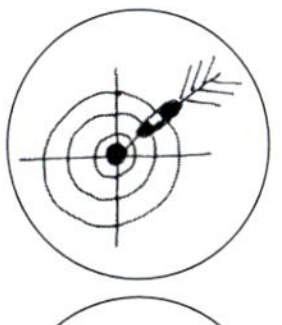

Sensibilisierung für die Bedeutung von Redefähigkeit in der Gesellschaft, Vertrautwerden mit ersten praktischen Übungen

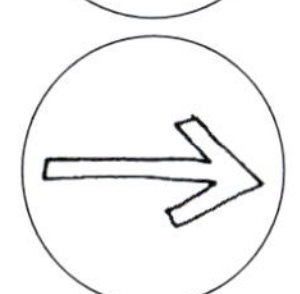

Arbeitsblätter kopieren, Folie mit Zungenbrechern, beliebiger Text, Karten für spontanen Vortrag

Als Einstieg in die Stunde legt der Lehrer eine Folie mit einem oder mehreren Zungenbrechern auf oder schreibt sie an die Tafel und fordert einen Schüler auf, ihn spontan vorzulesen.
Im Anschluss kann die Relevanz von Redefähigkeit allgemein in unserer Gesellschaft thematisiert werden. Falls eine Doppelstunde zur Verfügung steht, bietet sich an, dazu ein Tafelbild mit der Klasse zu erarbeiten (siehe Vorschlag).
Bevor man nun zu praktischen Übungen zur Verbesserung der Redefähigkeit kommt, kann man ein kurzes Brainstorming durchführen zur Frage, worauf man als Redner achten sollte. Dabei sollten folgende Punkte – auch im Hinblick auf die praktischen Übungen – angesprochen werden: Körpersprache / Körperhaltung / Gestik, Blickkontakt, Aussprache / Stimmeinsatz, Strukturierung, Anfang / Schluss.

Die Arbeitsanweisungen und Erklärungen für die Schüler befinden sich bei den jeweiligen Übungen.

Beispiele für Zungenbrecher:

1. Brautkleid bleibt Brautkleid und Blaukraut bleibt Blaukraut.
2. Fischers Fritze fischt frische Fische, frische Fische fischt Fischers Fritze.
3. Zwischen zwei Zwetschgenzweigen zwitschern zwei Zwergzeisige.
4. Ob er aber über Oberammergau oder aber über Unterammergau kommt, ist nicht gewiss.

Vorschlag für ein Tafelbild:

Relevanz von Redefähigkeit in unserer Gesellschaft

schulischer Bereich:	Referat, Abfrage, Präsentation von Ergebnissen einer Gruppenarbeit, mündliche Abiturprüfung, Rede bei Schulveranstaltungen …
beruflicher Bereich:	Bewerbungsgespräch, Vorträge, Festrede, Verkaufspräsentation …
öffentlicher Bereich:	politische Rede, Podiumsdiskussion, Wortmeldung in Bürgerversammlung …
privater Bereich:	Geburtstagsreden, Trauerreden …

Je nach der zur Verfügung stehenden Zeit und dem Vorwissen der jeweiligen Klasse kann der Lehrer eine Auswahl aus den folgenden praktischen Übungen treffen.

Zur Schulung einer genauen Aussprache können die Schüler bei einzelnen Übungen Korken zwischen die Zähne klemmen und dann die Texte vortragen.

Rhetorische Übungen

Sprechen nach Vorgaben

Sieben Schüler kommen nach vorne und erhalten einen Text. Sie lesen diesen Text nun genau so vor, wie jeweils eine der unten aufgeführten Personen. Die Klasse muss erraten können, um welche Personenvorgabe es sich handelt.

Lies den Text wie ein ...

1. Fußballreporter.
2. Priester.
3. Politiker.
4. Nachrichtensprecher im Fernsehen.
5. Lehrer.
6. Marktschreier, der seine neuesten Produkte anpreist.
7. Opa, der in „Kindersprache" mit seiner zweijährigen Enkelin spricht.

Sensibilisierung für Blickkontakt und Körperhaltung beim Reden

Rasch hintereinander halten 4 – 8 Schüler den Beginn einer Rede. Sie sprechen den unten stehenden Text und demonstrieren dabei jeweils eine Rednerhaltung, die von der Klasse nach der Präsentation erraten werden muss.

Text:

Liebe Gäste aus dem Ausland. Ich freue mich sehr, Sie in unserer herrlichen Region, dem Ferienparadies Fünf-Seen-Land begrüßen zu dürfen.

Rednerhaltungen:

1. Arme verschränkt und lässig an die Wand (Tafel) gelehnt
2. breitbeinig, Arme in die Hüften gestemmt
3. Arme geöffnet, einen Fuß schräg nach vorne gestellt
4. Hände zunächst gefaltet, dann offene Armhaltung
5. Blick nicht vom Konzeptpapier gelöst, angespannt, Schultern hochgezogen
6. Blickkontakt mit dem Publikum **vor** Redebeginn
7. Blickkontakt mit dem Publikum erst **nach** dem ersten Satz
8. Blick in die Luft, beim Sprechen unruhig hin und her gehen

Rhetorische Übungen

Spontaner Vortrag

Jeweils ein Schüler zieht eine Themenkarte und spricht spontan zwei Minuten lang zu dem angegebenen Stichwort unter Berücksichtigung der zuvor erarbeiteten Aspekte.
Die Mitschüler geben Feedback.

Handy	**Hobby**	**Freundschaft**	**Schule**
Schwimmbad	**Spicken**	**Freizeit**	**Internet**
Hausaufgaben	**Musik**	**Liebe**	**Meer**
Haustier/-e	**Disko**	**Winter**	**Arbeit / Praktikum**
Eltern	**Geschwister**	**Klassenfahrt**	**Wandertag**
Stress	**Computer**	**Langeweile**	**Umwelt**
Wasser	**Wald**	**Fernweh**	**Einsamkeit**
Bücher	**Fernsehen**	**Angst**	**Zuspätkommen**

Erörtern mit Dominokarten/ Podiumsdiskussion

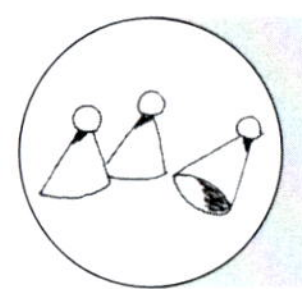

7.–10. Klasse

45–90 min

bereits beschriftete Dominokarten oder Blanko-Dominokarten

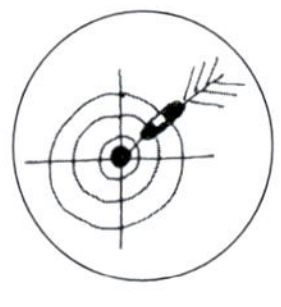

Mündliches Argumentieren, Strukturierung von Argumentationen

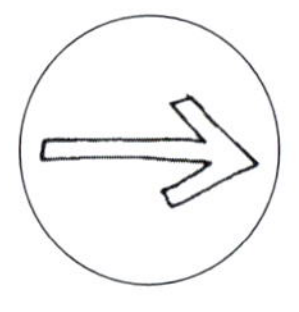

Kopieren des Arbeitsblattes

Zu Beginn der Stunde nennt der Lehrer das zu erörternde Thema. Die Klasse sammelt zu diesem Thema mögliche Ursache- und Wirkungsfaktoren in Form von Stichpunkten. Faktoren, die in einem möglichen Zusammenhang stehen, werden dann in zwei Stichworten auf die vorbereiteten Dominokarten notiert.
Achtung: Auf einer Karte wird ein Begriff zweimal festgehalten (= Anfangskarte)!
Anschließend wird die Klasse in mehrere Gruppen geteilt, die eine bestimmte Anzahl an Karten ziehen.
Die Gruppe, die die doppelt beschriftete Karte zieht, beginnt:
Diese Karte wird an der Tafel befestigt.
Eine beliebige Gruppe kann nun in irgendeine Richtung eine ihrer Karten an der Tafel befestigen, wenn sie begründen kann, wie sie den auf der Karte genannten Zusammenhang zwischen Ursache und Wirkung sieht. Die anderen Gruppen können diese Erklärung ergänzen oder auch abweichende Meinungen vertreten. Die Karte darf aber nur dann angeheftet werden, wenn die gesamte Klasse der Meinung ist, dass der behauptete Zusammenhang auch tatsächlich existiert. Dann kommt die nächste Gruppe zum Zug.
Gewonnen hat die Gruppe, die als erste alle Karten angelegt hat.

Im Anschluss an dialektische Themen kann in Gruppenarbeit eine Podiumsdiskussion mit den vorgetragenen Argumenten durchgeführt werden.

Mögliche Erörterungsthemen:

- Drogenkonsum Jugendlicher
- Mitgliedschaft in Vereinen
- Ein Schuljahr im Ausland
- Gewaltbereitschaft Jugendlicher

Erörtern mit Dominokarten/ Podiumsdiskussion

Dominokarten zum Thema: Gewaltbereitschaft Jugendlicher

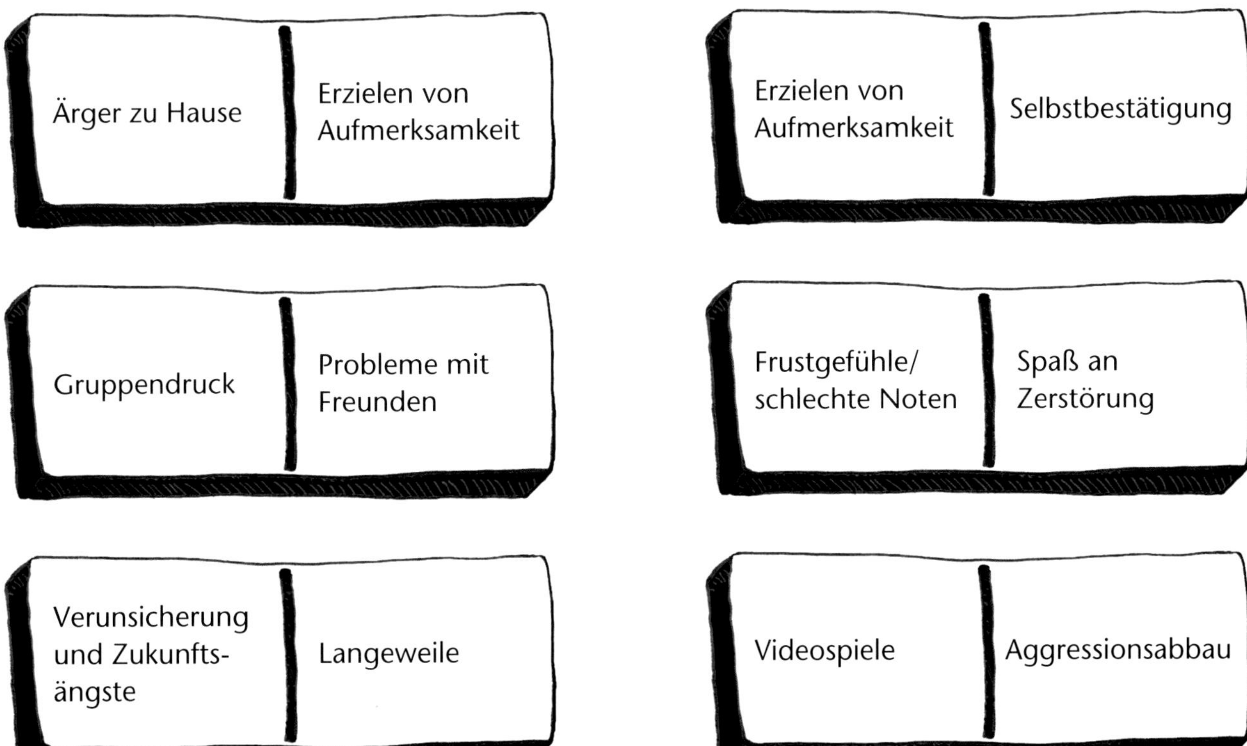

Anfangsdominokarte:

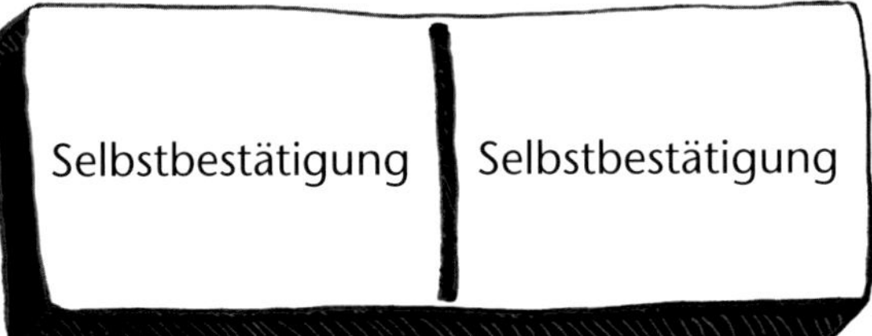

Vorbereitung einer Podiumsdiskussion – Pro-Seite

Ihr vertretet die **Pro-Seite** und sollt eure Meinung in einer Podiumsdiskussion vertreten.

Selbstverständlich bereitet ihr euch auf diese Diskussion gut vor, damit ihr das Publikum auch wirklich für eure Position gewinnen könnt!

1. Erarbeitet dazu <u>gemeinsam</u> schriftlich <u>**zwei**</u> Argumente, die eure Meinung in der Diskussion darlegen und stützen können. Achtet hierbei auf <u>Vollständigkeit der Argumente</u> („3 Bs")!
2. Formuliert schriftlich eine kurze Stellungnahme, in der ihr euren Standpunkt kurz vorstellt. Dadurch bekommt das Publikum schon einmal einen Eindruck von eurer Haltung, bevor die Diskussion richtig beginnt.

Erörtern mit Dominokarten/ Podiumsdiskussion

Vorbereitung einer Podiumsdiskussion – Kontra-Seite

Ihr vertretet die **Kontra-Seite** und sollt eure Meinung in einer Podiumsdiskussion vertreten.

Selbstverständlich bereitet ihr euch auf diese Diskussion gut vor, damit ihr das Publikum auch wirklich für eure Position gewinnen könnt!

1. Erarbeitet dazu <u>gemeinsam</u> schriftlich <u>**zwei**</u> Argumente, die eure Meinung in der Diskussion darlegen und stützen können. Achtet hierbei auf <u>Vollständigkeit der Argumente</u> („3 Bs")!
2. Formuliert schriftlich eine kurze Stellungnahme, in der ihr euren Standpunkt kurz vorstellt. Dadurch bekommt das Publikum schon einmal einen Eindruck von eurer Haltung, bevor die Diskussion richtig beginnt.

Vorbereitung einer Podiumsdiskussion – Diskussionsleiter

In einer Podiumsdiskussion, zu der ihr als **Diskussionsleiter** eingeladen habt, soll über ein strittiges Thema debattiert werden.

Ihr seid in dieser Diskussion unparteiisch und gebt den Diskussionsteilnehmern Gelegenheit, ihre Meinung vor dem Publikum darzulegen. Selbstverständlich bereitet ihr euch auf diese Diskussion gut vor!

1. Erarbeitet dazu <u>gemeinsam</u> schriftlich eine kurze Einführung ins Thema, in der deutlich wird, warum überhaupt an dieser Stelle darüber diskutiert werden soll, und in der natürlich das Thema selbst unbedingt (möglichst am Ende eurer Einführung) genannt werden muss!
2. Überlegt euch bereits jetzt, welche Argumente die einzelnen Teilnehmer anführen könnten, damit ihr vorbereitet seid und gegebenenfalls nachfragen könnt.

Ihr führt die Diskutierenden und das Publikum durch die Veranstaltung, die folgendermaßen abläuft:

1. Ihr beginnt die Podiumsdiskussion mit der Vorstellung der Diskussionsteilnehmer. Die Diskussionsteilnehmer erhalten dabei Gelegenheit, dem Publikum ihren Standpunkt kurz darzulegen.
2. Nach dieser kurzen Vorstellungsrunde erfragt ihr einmal per Handzeichen die Haltung der Zuschauer zu diesem Thema.
3. Nun lasst ihr den Teilnehmern Gelegenheit, auf dem Podium zu diskutieren. Achtet dabei als Moderator darauf, dass ein Wechsel zwischen Befürwortern und Gegnern zustande kommt.
4. Am Ende der Diskussion erfragt ihr noch einmal die Meinung des Publikums zum diskutierten Thema. Dadurch erhalten die Diskussionsteilnehmer die Gelegenheit zu prüfen, ob ihr Einsatz für ihre Meinung erfolgreich war.

Nonsens-Debatten

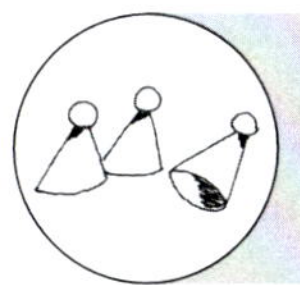

8.–10. Klasse

45 min

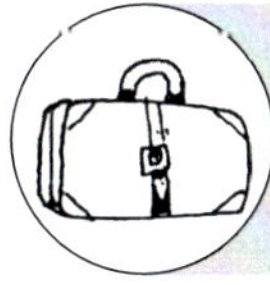

Folie, Schülerheft, (evtl.) Klingel / Glocke

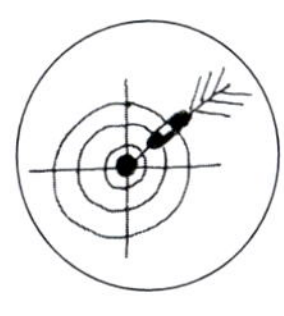

Förderung des mündlichen Ausdrucksvermögens, der Gesprächsfähigkeit, der argumentativen Darlegung

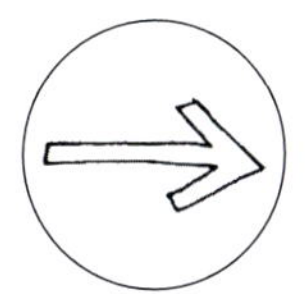

Regeln der Debatte (evtl. auf Folie / Beamer), Themenvorschläge

Den Schülern werden – soweit nicht bereits bekannt – die Regeln der Debatte nach *Jugend debattiert* vorgestellt. Anschließend erhalten die Schüler den Arbeitsauftrag, sich in Gruppen zu vier Schülern aufzuteilen und sich für eines der vorgestellten Themen zu entscheiden. Zwei Schüler vertreten die Pro-Seite, zwei die Kontra-Seite. Die Schüler erhalten 8–10 Minuten, um sich vorzubereiten.
Nach der Vorbereitungszeit debattiert eine Gruppe. Die anderen Schüler bewerten die Debatte nach den entsprechenden Regeln.

Debattiert werden Nonsens-Themen. Auf diese Weise wird den Schülern klar, dass man auch für verrückte Ideen überzeugende Argumente finden kann, wenn man sich an die Regeln einer sinnvollen Argumentation hält.

Die Schüler können auch den Auftrag erhalten, sich weitere Nonsens-Themen auszudenken.

Mögliche Themen:

- Sollten Haustiere die Möglichkeit erhalten, den Autoführerschein zu machen?
- Soll die Schulpflicht auch für Gummibärchen gelten?
- Sollen die Fernsehnachrichten gesungen werden?
- Sollen die Schüler in jeder Unterrichtsstunde mindestens 10 Minuten auf einem Bein hüpfen?
- Sollten alle am Sonntag zwischen 14 und 15 Uhr beim Verlassen des Hauses Luftschlangen um den Hals tragen?
- Sollte jeder Lehrer eine Ausbildung zum Koch absolvieren müssen?

Die Regeln der Debatte nach Jugend debattiert

Definition: Debatte = Gespräch nach festen Regeln zur Beantwortung einer Entscheidungsfrage, bei dem Pro- und Kontra-Seite in gleicher Art und Weise vertreten sind

1. Es werden Entscheidungsfragen debattiert, die mit „Ja" oder „Nein" beantwortet werden können.

2. Es debattieren vier Personen. Zwei vertreten die Pro-Seite, zwei die Kontra-Seite. Es gibt keinen Moderator.
   Ein Zeitwächter achtet auf die Einhaltung der Redezeiten:
   - Anzeigen des Endes der Redezeit durch einmaliges Klingeln (Händeklatschen) 15 Sekunden vor Ende der Zeit
   - Anzeigen des Überschreitens der Redezeit durch zweimaliges Klingeln (Händeklatschen) und Unterbindung des Sprechens durch dauerndes Klingeln (Händeklatschen).

3. **Ablauf:**
   Die Debatte besteht aus drei Teilen:
   - Eröffnungsrunde: Hier beantwortet jeder Redner die gestellte Frage aus seiner Sicht. Derjenige, der den aktuellen Zustand ändern möchte, beginnt. Pro- und Kontra-Seite wechseln sich ab. Jeder Redner spricht ohne Unterbrechung zwei Minuten.
   - Freie Aussprache: Nun erfolgt die Aussprache ohne feste Reihenfolge während 12 Minuten.
   - Schlussrunde: Jetzt beantwortet jeder Redner die Fragestellung nochmals vor dem Hintergrund der Debatte. Die Redezeit pro Teilnehmer beträgt eine Minute. Die Reihenfolge der Redner ist die gleiche wie in der Eröffnungsrunde. Es dürfen nur Begründungen vorgebracht werden, die bereits zuvor erwähnt wurden. Die Teilnehmer können ihre Position verändern.

4. **Bewertung der Redeleistung nach folgenden Kriterien:**
   - Sachkenntnis: zutreffende und fundierte Beantwortung der Sachfrage
   - Ausdrucksvermögen: verbale und nonverbale Darstellung, Verständlichkeit und Klarheit der Beiträge, Verwendung angemessener Wortwahl, variationsreiche Syntax, sprachliche Mittel
   - Gesprächsfähigkeit: Fähigkeit zu gegenseitigem Austausch, Respekt und Bezugnahme auf die anderen Teilnehmer
   - Überzeugungskraft: Argumentation im Hinblick auf den Hörer: Glaubwürdigkeit als Redner, Nachvollziehbarkeit der Beiträge, Verständnis für den Hörer

Diskussionsrunde mittels Fragewürfel

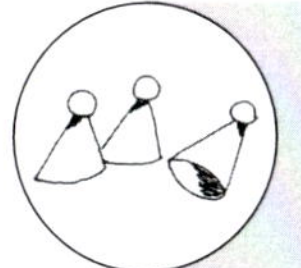

8.–10. Klasse

45–90 min

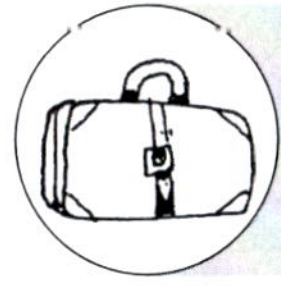

zwei bis drei große Papierwürfel

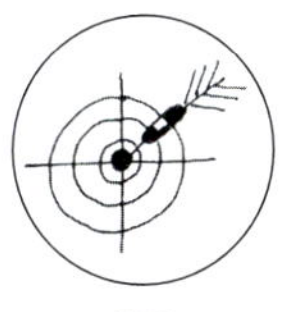

Kennenlernen der Einstellungen, Meinungen der anderen, Mitteilen eigener Ansichten, Sammeln von Argumenten, Einüben von Gliederungen

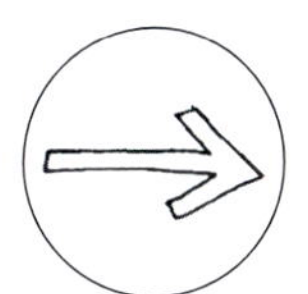

Mehrere Würfel aus fester Pappe (Kantenlänge 15–20 cm) mit ein bis zwei Erörterungsthemen / Fragestellungen auf jeder Seite, Papier und Stifte

Die Klasse teilt sich in zwei bis drei Gruppen auf, die sich im Stuhlkreis zusammensetzen. Ein Schriftführer wird ernannt.
Ein Schüler würfelt einem Schüler aus der Gruppe den Würfel zu. Dieser Schüler beantwortet eine der Fragestellungen auf dem Würfel mit einer ausführlichen Stellungnahme (einem Argument). Die Teilnehmer der Runde können Rückfragen stellen. Wenn alle Rückfragen beantwortet wurden, wird ein anderer Schüler „angewürfelt". Dieser beantwortet wiederum eine Fragestellung. Der Schriftführer notiert die angeführten Argumente. Bereits Genanntes darf nicht nochmals angeführt werden.

Im Anschluss an diese Würfelrunde erarbeiten immer zwei Schüler zu einem der Erörterungsthemen / einer der Fragestellungen aus den angeführten Argumenten einen Gliederungsvorschlag, der dann der gesamten Klasse präsentiert und gegebenenfalls verbessert wird.

Falls eine Doppelstunde zur Verfügung steht, können die Schüler weitere Themen zur Beschriftung der Würfel zusammentragen.
Es kann sich auch eine Diskussionsrunde anschließen.

Für Diskussionsrunden können die Arbeitsblätter von *Erörtern mit Dominokarten* genutzt werden.

Mögliche Erörterungsthemen:

- Müssen Hausaufgaben sein – oder sind sie verzichtbar?
- Schule ohne Noten – ist das sinnvoll?
- Sind Klassenfahrten sinnvoll?
- Sollte jeder Schüler einen eigenen Laptop in der Schule gestellt bekommen?
- Sind Politiker Vorbilder für die Jugend?
- Brauchen Jugendliche Vorbilder?
- Sollen Lehrer von ihren Schülern benotet werden?
- Sollen innerstädtische Brennpunkte videoüberwacht werden?
- Soll das Strafmündigkeitsalter auf 12 Jahre gesenkt werden?
- Sollen auch Nichtpädagogen in der Schule unterrichten?
- Soll das Wahlrecht durch Wahlpflicht ersetzt werden?
- Sollen Läden auch am Sonntag geöffnet haben?
- Sollen Betriebe, die nicht ausbilden, eine Abgabe zahlen?

Bildgeschichten-Erlebniserzählungen

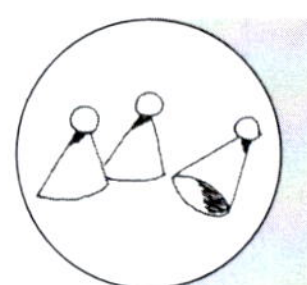

5.–6. Klasse

45–90 min

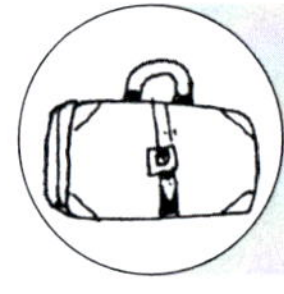

Papier, Schülerheft, Arbeitsblatt

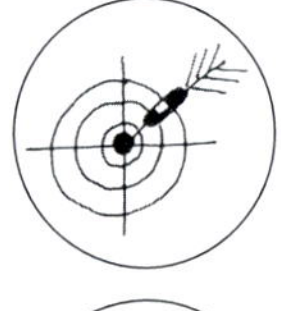

Förderung der schriftlichen Ausdrucksweise, Einüben von Erlebniserzählungen

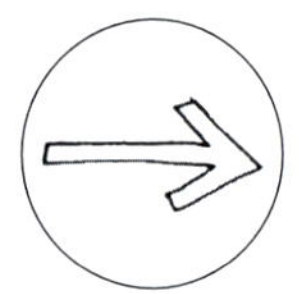

Arbeitsblatt kopieren, Folienpuzzle herstellen aus erstem Bild der Bildgeschichte

Zu Beginn der Stunde legt der Lehrer ein Folienpuzzle auf den Overheadprojektor. Immer zwei Schüler müssen nun nach vorne kommen und versuchen, zwei Puzzleteile zusammenzulegen. Dabei dürfen sie nicht sprechen, sondern sich nur nonverbal verständigen. Das auf diese Weise ermittelte Bild ist das erste Bild einer Bildergeschichte.
Nun legt der Lehrer die weiteren Bilder der Geschichte auf und die Schüler werden aufgefordert, die dargestellte Geschichte zu verbalisieren.
Im Anschluss wird an der Tafel gesammelt, welche Elemente für eine Erlebniserzählung notwendig sind und was beachtet werden muss (*passende/interessante Überschrift, Vorgeschichte, Personen, Ort, Zeit, Handlung/Ereignisse, Gefühle und Gedanken der beteiligten Personen, Ende der Erzählung, mögliche Fortsetzung, Beachtung der „Erzählmaus", sprachliche Regeln: Verwendung des Präteritums, ausdrucksstarker Verben und Adjektive, wörtlicher Rede, abwechslungsreicher Satzanfänge ...*).
Darüber hinaus werden auch die W-Wörter an der Tafel fixiert, die helfen, eine gute Erlebniserzählung zu verfassen (*wer, wo, wann, was, wie*).
Nun erhalten die Schüler das Arbeitsblatt und werden aufgefordert, die erste Aufgabe zu lösen, die dann im Plenum besprochen wird, bevor jeder die Bildgeschichte in eine Erlebniserzählung umschreibt.

Falls eine Doppelstunde zur Verfügung steht, können die Schüler in mehrere Teams eingeteilt werden, die aus ihren Aufsätzen den jeweils überzeugendsten auswählen und diesen in einer Schreibkonferenz überarbeiten, um ihn dann dem Plenum vorzustellen.

Die Schüler können auch aufgefordert werden, selbst zunächst kleine Bildfolgen zu zeichnen, die sie dann untereinander austauschen und zu Erlebniserzählungen umschreiben.

Bildgeschichten-Erlebniserzählungen

1. Sieh dir die folgenden Bilder genau an. Sie erzählen eine Geschichte ohne Worte.

Der verdächtige Rauch. Aus: e. o. plauen „Vater und Sohn" in Gesamtausgabe Erich Ohser, Südverlag GmbH, Konstanz, 2000

2. Fülle die Tabelle aus, indem du zu jedem Bild Antworten auf die W-Fragen notierst. Verfahre ebenso für die Zeit, die zwischen den Bildern liegt.
Ergänze in der „Außerdem"-Zeile Nomen, Verben und Adjektive, die dir zu den Bildern und „Zwischenzeiten" einfallen.

W-Wörter	Bild 1	Zwischenzeit	Bild 2	Zwischenzeit	Bild 3	Zwischenzeit	Bild 4
wer?	ein kleiner Junge …						
wo?	vor einem offenen Fenster auf der Straße …						
wann?	nach / vor der Schule …						
was?	sieht dicken Rauch aus dem Fenster qualmen …						
wie?	erschrocken, entsetzt …						
außerdem?	…						

3. Schreibe jetzt eine Erlebniserzählung zu den Bildern in dein Heft und benutze dafür deine Ergebnisse aus der Tabelle.

Hörgeschichten

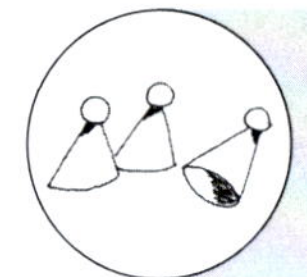

5.–8. Klasse

45 min

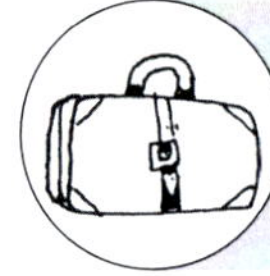

Papier, Schülerheft, evtl. MP3- oder CD-Player oder Kassettenrekorder, Geräusche (CD, MP3, Kassette)

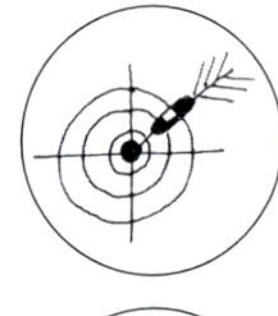

Förderung der schriftlichen Ausdrucksweise und der Konzentration

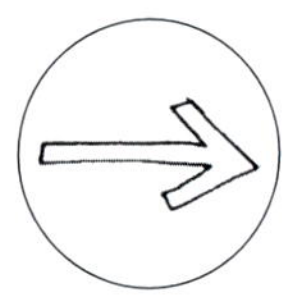

Evtl. Aufnehmen bestimmter Geräusche

Zu Beginn der Stunde spielt der Lehrer verschiedene Geräusche vor. Die Schüler erraten, um welche Geräusche und Situationen es sich handelt (z. B. Bahnhofsgeräusche, im Supermarkt an der Kasse, Geräusche im Schwimmbad). Anschließend werden Situationen an der Tafel gesammelt, in denen es wichtig bzw. unerlässlich ist, genau zuzuhören. Weiterhin sollte thematisiert werden, wie man genaues Zuhören trainieren kann.
Zu diesem Zweck werden den Schülern verschiedene „Geräuschgeschichten“ vorgespielt.

Beispiele:

- Verkehrsgeräusche (Hupen, Anfahren etc.) – Starten eines Motors – Unfallgeräusche – aufgeregtes Stimmengewirr – Polizeisirene
- Türklingel – Musik – Unterhaltung – Gläserklirren – Explosion
- Hundegebell – Miauen – Kikeriki – Pferdehufe – Froschquaken

Die Schüler werden nun aufgefordert, sich eine kurze Geschichte auszudenken, in der die Geräusche in der gleichen Reihenfolge, in der sie vorgespielt wurden, vorkommen. Die auf diese Weise entstandenen Geschichten werden im Plenum vorgetragen.

Die Schüler können sich auch in Gruppen selbst einige Geräusche ausdenken, die sie ihren Mitschüler vortragen. Zu diesen Geräuschen sollen die Mitschüler dann eine passende Erzählung verfassen. Die Erzählungen können in Schreibkonferenzen nochmals überarbeitet und dann miteinander verglichen werden.

Die Lehrkraft muss nicht unbedingt Geräusche vor der Stunde aufzeichnen. Es können auch in der Stunde selbst Geräusche im Klassenzimmer erzeugt werden (z. B. Schließen der Klassenzimmertür, Klopfen an der Tafel, schnelle Schritte, Schrei etc.)

Goethe: „Der Zauberlehrling" – Strophenrätsel, Zusammenfassung, Bericht

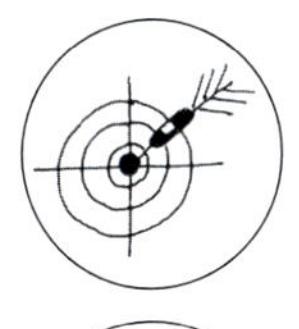

Textverständnis, Einüben von Textzusammenfassungen

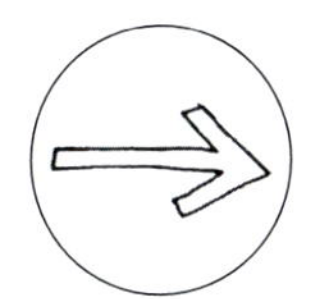

Kopieren der Arbeitsblätter

Zu Beginn der Stunde fragt der Lehrer die Assoziationen der Schüler zum Begriff „Zauberlehrling" ab. Anschließend teilt er das Arbeitsblatt „Strophenrätsel" mit dem Hinweis aus, dass es im folgenden Gedicht um einen Zauberlehrling geht, der noch Schwierigkeiten beim Zaubern hat.
Die Schüler lösen das Strophenrätsel und im Plenum wird die richtige Reihenfolge der Strophen festgehalten.
Um die Schüler zu einer eingehenderen Arbeit mit dem Text anzuleiten, teilt der Lehrer das Arbeitsblatt „Zusammenfassung" aus und der imaginäre Brief des Zauberlehrlings wird vorgelesen. Diesen überarbeiten die Schüler zu einer kurzen Zusammenfassung auf der Grundlage des Gedichts.
Bei der Besprechung der Schülerlösungen können sowohl die Inhalte des Gedichts genauer besprochen als auch die Regeln der Textzusammenfassung wiederholt werden.

Die Reihenfolge der Strophen kann auch mittels eines Gedichtvortrags von CD überprüft werden.
Stehen mehrere Vorträge von unterschiedlichen Sprechern zur Verfügung, kann auf die Unterschiede der Sprechweisen eingegangen werden.

Man kann auch anstelle einer Textzusammenfassung des Gedichts einen Bericht verfassen lassen (siehe Arbeitsblatt „Bericht").

Steht eine Doppelstunde zur Verfügung, eignet sich die Ballade auch dazu, die einzelnen Szenen nachspielen zu lassen. Ebensogut kann man zur Ballade einen Comicstrip erarbeiten lassen.

Goethe: „Der Zauberlehrling“ – Strophenrätsel

Am 29. Mai des Jahres 1750 verließ Hexenmeister Dumbledore das Nymphenburger Schloss gegen 15.00 Uhr, um einen neuen Besen zu kaufen. Zauberlehrling Harry blieb alleine zurück und der Meister kehrte erst ca. zwei Stunden später zurück …

Eine Nachteule beobachtete alles, was daraufhin passierte, jedoch hatte sie Schwierigkeiten, es in der richtigen Reihenfolge zu reimen. Jetzt musst du ihr helfen, damit man erfährt, was passiert ist!

Schreibe die fehlenden Zahlen (3 – 13) in die noch leeren Kreise!

Hat der alte Hexenmeister
Sich doch einmal wegbegeben!
Und nun sollen seine Geister
Auch nach meinem Willen leben.
Seine Wort und Werke
Merkt ich und den Brauch,
Und mit Geistesstärke
Tu ich Wunder auch.
(1)

Wehe! wehe!
Beide Teile
Stehn in Eile
Schon als Knechte
Völlig fertig in die Höhe!
Helft mir, ach! ihr hohen Mächte!
( )

Und sie laufen! Naß und nässer
Wirds im Saal und auf den Stufen:
Welch entsetzliches Gewässer!
Herr und Meister, hör mich rufen! –
Ach, da kommt der Meister!
Herr, die Not ist groß!
Die ich rief, die Geister,
Werd ich nun nicht los.
( )

Walle! walle
Manche Strecke,
Daß, zum Zwecke,
Wasser fließe
Und mit reichem, vollem Schwalle
Zu dem Bade sich ergieße.
(2)

Willst am Ende
Gar nicht lassen?
Will dich fassen,
Will dich halten
Und das alte Holz behende
Mit dem scharfen Beile spalten!
( )

Und nun komm, du alter Besen,
Nimm die schlechten Lumpenhüllen!
Bist schon lange Knecht gewesen:
Nun erfülle meinen Willen!
Auf zwei Beinen stehe,
Oben sei ein Kopf,
Eile nun und gehe
Mit dem Wassertopf!
( )

O, du Ausgeburt der Hölle!
Soll das ganze Haus ersaufen?
Seh ich über jede Schwelle
Doch schon Wasserströme laufen.
Ein verruchter Besen,
Der nicht hören will!
Stock, der du gewesen,
Steh doch wieder still!
( )

Stehe! stehe!
Denn wir haben
Deiner Gaben
Voll gemessen! –
Ach, ich merk es! Wehe! wehe!
Hab ich doch das Wort vergessen!
( )

Nein, nicht länger
Kann ichs lassen:
Will ihn fassen!
Das ist Tücke!
Ach, nun wird mir immer bänger!
Welche Miene! Welche Blicke!
( )

Walle! walle
Manche Strecke,
Daß, zum Zwecke,
Wasser fließe
Und mit reichem, vollem Schwalle
Zu dem Bade sich ergieße.
(4)

Ach, das Wort, worauf am Ende
Er das wird, was er gewesen!
Ach, er läuft und bringt behende!
Wärst du doch der alte Besen!
Immer neue Güsse
Bringt er schnell herein,
Ach, und hundert Flüsse
Stürzen auf mich ein!
( )

„In die Ecke,
Besen! Besen!
Seids gewesen!
Denn als Geister
Ruft euch nur, zu seinem Zwecke,
Erst hervor der alte Meister.“
(14)

Seht, da kommt er schleppend wieder!
Wie ich mich nur auf dich werfe,
Gleich, o Kobold, liegst du nieder;
Krachend trifft die glatte Schärfe.
Wahrlich! brav getroffen!
Seht, er ist entzwei!
Und nun kann ich hoffen,
Und ich atme frei!
( )

Seht, er läuft zum Ufer nieder!
Wahrlich! ist schon an dem Flusse,
Und mit Blitzesschnelle wieder
Ist er hier mit raschem Gusse.
Schon zum zweiten Male!
Wie das Becken schwillt!
Wie sich jede Schale
Voll mit Wasser füllt!
( )

------------------------------ *hier umknicken* ------------------------------

Lösung: Von oben nach unten, links nach rechts: 1, 2, 9, 4, 11, 12, 10, 6, 7, 5, 13, 3, 8, 14

Goethe: „Der Zauberlehrling“ – Zusammenfassung

Hexenmeister Dumbledore war nicht gerade begeistert, das kannst du dir ja denken. Deswegen schickte er Harry erst einmal ins Turmzimmer und ließ ihn einen Bericht darüber schreiben, was passiert ist. Harry schrieb Folgendes:

Lieber Meister!
Es tut mir wirklich furchtbar leid, was passiert ist, das müssen Sie mir unbedingt glauben – ich lüge Sie nämlich wirklich nicht an. Ich habe da einen Riesenblödsinn gemacht, weil ich geglaubt hab, ich könnt es auch schon ganz allein. Aber so einfach war es dann doch nicht, obwohl es am Anfang supergut geklappt hat. Aber ich bin halt nun mal leider vergesslich! Und dann der Besen – es tut mir wirklich schrecklich leid, dass der jetzt kaputt ist, der war bestimmt mindestens 7 Taler wert. Und was mir noch viel mehr leid tut, ist, dass ich das ganze Haus geflutet hab. Ich hab noch 100 Taler gespart und ich hoffe, dass das reicht, um den Schaden an den Tapeten und den Möbeln zu zahlen. Außerdem werde ich ganz bestimmt – sobald ich aus diesem Turmzimmer rauskomme – alle Böden wischen, bis es wieder blitzt und blankt … Zauberer-Ehrenwort! Ich werde auch ganz, ganz, gaaaanz sicher nicht mehr ohne Ihre Erlaubnis zaubern. Aber bitte lassen Sie mich schnell wieder aus diesem schrecklich dunklen Turmzimmer raus. Ich krieg hier die Krise!
Noch mal ganz viele Entschuldigungen,
Ihr ergebener Zauberlehrling Harry

Warum wird Hexenmeister Dumbledore auch daraus nicht schlau? Kannst du ihm helfen?
Gehe bei deiner Zusammenfassung der Ereignisse Schritt für Schritt vor und beschreibe die Ereignisse, indem du den Inhalt jeder Strophe in einem kurzen Satz wiedergibst!

Zusammenfassung zu Johann Wolfgang von Goethe: „Der Zauberlehrling“

Goethe: „Der Zauberlehrling" – Bericht

Hexenmeister Dumbledore war nicht gerade begeistert, das kannst du dir ja denken. Deswegen schickte er Harry erst einmal ins Turmzimmer und ließ ihn einen Bericht darüber schreiben, was passiert ist. Harry schrieb Folgendes:

Lieber Meister!
Es tut mir wirklich furchtbar schrecklich leid, was passiert ist, das müssen Sie mir unbedingt glauben – ich lüge Sie nämlich wirklich nicht an. Ich habe da einen Riesenblödsinn gemacht, weil ich geglaubt hab, ich könnt es auch allein. Aber so einfach war es dann doch nicht, obwohl es am Anfang supergut funktioniert hat. Aber ich bin halt nun mal leider vergesslich! Und dann der Besen – es tut mir wirklich schrecklich leid, dass der jetzt kaputt ist, der war bestimmt mindestens 7 Taler wert. Und was mir noch viel mehr leid tut, ist, dass ich das ganze Haus geflutet hab. Ich hab noch 100 Taler gespart und ich hoffe, dass das reicht, um den Schaden an den Tapeten und den Möbeln zu zahlen. Außerdem werde ich ganz bestimmt – sobald ich aus diesem Turmzimmer rauskomme – alle Böden wischen, bis es wieder blitzt und blankt … Ehrenwort! Ich werde auch ganz, ganz, gaaaanz bestimmt nicht mehr ohne Ihre Erlaubnis zaubern. Aber bitte lassen Sie mich schnell wieder aus diesem dunklen Turmzimmer raus. Ich krieg hier die Krise!
Noch mal ganz viele Entschuldigungen,
Ihr ergebener Zauberlehrling Harry

Denke an die **W-Fragen**, die **wichtigen Ereignisse** in der **richtigen Reihenfolge**, und schreibe auch die **Folgen** der „Badewannenfüllaktion" auf, damit Herr Dumbledore Bescheid weiß und du später auch einen Bericht für das Nymphenburger Tagblatt schreiben kannst.

Das kommt in die **Einleitung:**

Das kommt in den **Hauptteil:**

Das kommt in den **Schluss:**

Und ganz zum Schluss: Schreibe einen Zeitungsbericht für das Nymphenburger Tagblatt!

Kreatives Schreiben: Eine Geschichte in drei Variationen

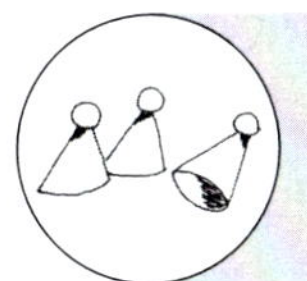

6.–9. Klasse

45–90 min

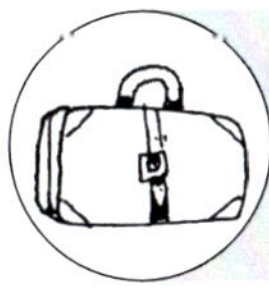

Papier, Schülerheft

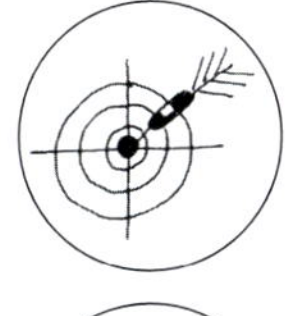

Förderung der schriftlichen und mündlichen Ausdrucksweise und der Fantasie

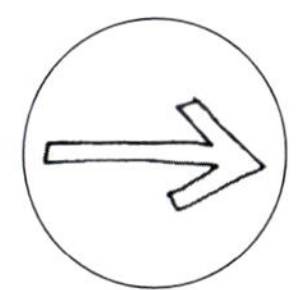

Überlegen geeigneter Erzählanfänge

Erzählt werden sollen eine Liebes-, eine Kriminal- und eine Horrorgeschichte. Dafür wird die Klasse in drei (oder auch sechs) Gruppen geteilt. Der Lehrer trägt nun den ersten Satz der Geschichte, die weitererzählt werden soll, vor.
Dann erhält eine der Gruppen die Aufforderung, die Geschichte fortzusetzen, und zwar in der von ihr gewählten Stilart. D. h. die Fortsetzung erfolgt in Form einer Liebes-, Kriminal- oder Horrorgeschichte, und zwar so lange, bis der Lehrer eingreift und die Aufforderung zum Weitererzählen an eine der anderen Gruppen weitergibt. Diese muss nun sofort in der von ihr gewählten Stilart die Geschichte fortsetzen. So wird z. B. aus der Liebes- nun eine Kriminalgeschichte.
Der Lehrer kann insofern steuernd eingreifen, als er den Zeitpunkt des Gruppenwechsels wählt, also beispielsweise mitten im Satz, an der spannendsten Stelle, nach einem weitgehend abgeschlossenen Erzählabschnitt. Entscheidend ist, dass die nächste Gruppe die Geschichte sofort in der jeweiligen Stilart weitererzählt, ohne dass ein Bruch entsteht. Auch der Aufbau eines Spannungsbogens hin auf den Höhepunkt muss gewährleistet sein.
Der Lehrer gibt den Erzähleinsatz so lange weiter, bis eine Gruppe die Erzählung beendet.

Man kann den einzelnen Gruppen zunächst 10–15 Minuten Zeit geben, um Ideen zu sammeln und eine Geschichte vorzuskizzieren.

Steht eine Doppelstunde zur Verfügung, können die verschiedenen Gruppen zunächst auch eine Geschichte schriftlich verfassen. Im Anschluss daran werden neue Teams aus den verschiedenen Gruppen gebildet, die in Schreibkonferenzen aus zwei Geschichten eine Geschichte erarbeiten.

Beispiele für Erzählanfänge:

- Der Mond verschwand gerade hinter einer großen dunklen Wolke, als Christina ein scharrendes Geräusch hörte.
- Das Taxi war so groß wie eine Lokomotive und es war grellgelb lackiert wie ein Postauto bei uns zu Hause.
- Aber eines der aufregendsten Wesen, die Carla jemals gehalten hatte, war wohl doch Rossini, die Boa, gewesen.

Stadt-Land-Fluss

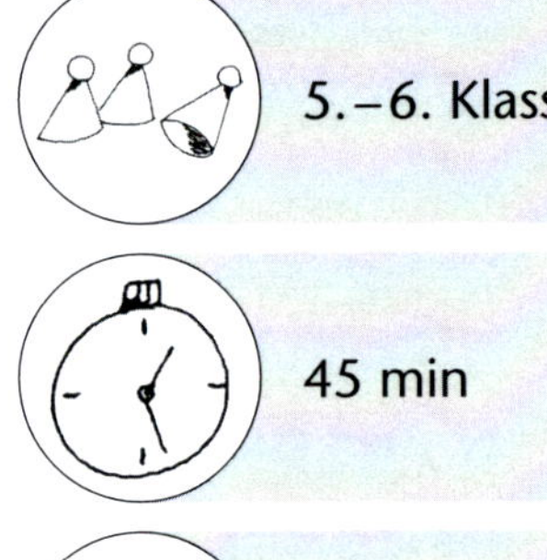

5.–6. Klasse

45 min

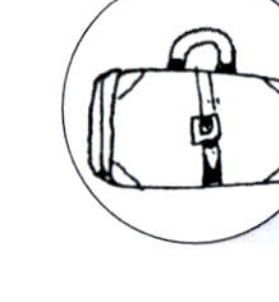

Papier

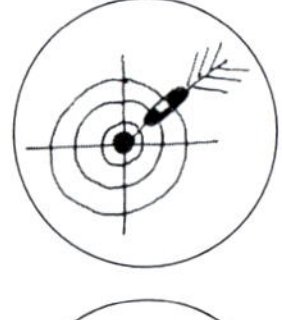

Kennenlernen verschiedener Gruppen von Nomen oder Wortarten

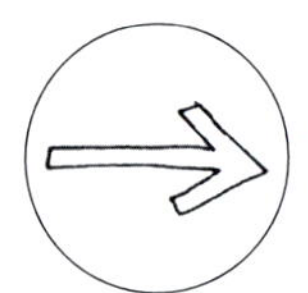

Papier bereitlegen

Die Klasse wird in mehrere Gruppen eingeteilt. Jeder Schüler versieht sein Blatt mit Spalten entsprechend der festgelegten Kategorien. Anschließend wird die Anzahl der Spielrunden festgelegt.
Auf ein Zeichen hin beginnt jede Gruppe mit dem Spiel. Ein Spieler sagt laut „A" und buchstabiert danach lautlos das Alphabet, bis ein anderer laut „Stopp" ruft. Der Buchstabe wird genannt und alle notieren möglichst schnell Begriffe, die mit diesem Buchstaben beginnen, unter den einzelnen Kategorien. Wer als Erster fertig ist, ruft laut „Stopp", alle müssen dann ihre Stifte weglegen und ihre Antworten vorlesen.

Punkteverteilung:
Hat ein Spieler als Einziger eine bestimmte Antwort notiert, erhält er 10 Punkte.
Für eine Antwort, die mehrere Spieler nennen, erzielt man 5 Punkte.
Kann nur ein Spieler eine Antwort nennen, bekommt er 20 Punkte.
Jeder Spieler notiert seine Punkte auf seiner Liste.
Sieger in der jeweiligen Gruppe ist der Spieler, der die meisten Punkte erzielt hat.
Zur Ermittlung des Klassensiegers treten die Gewinner der verschiedenen Gruppen gegeneinander an.

Die ganze Klasse kann auch gemeinsam spielen. Pro Runde kann eine bestimmte Zeitspanne festgelegt werden, damit die Schüler sich um ausgefallenere Antworten bemühen können, um möglichst viele Punkte zu erzielen.
Die Schüler müssen selbst Kategorien aus dem Deutschunterricht finden.

Mögliche Kategorien (mit Beispiel):

Lebewesen	**Vorgänge**	**Zustände**	**Gegenstände**
Affe	Auto fahren	Angst haben	Anzug
Substantiv	**Verb**	**Adverb**	**Adjektiv**
Sonne	schlafen	schnell	sauber
Konjunktion	**Partizip**	**Pronomen**	**Konjunktiv I (eindeutig!)**
weil	wachend	welcher	wimmere

Wortartenbingo

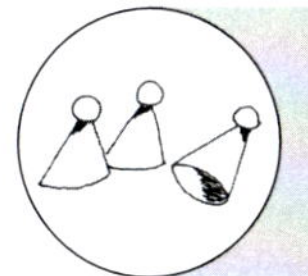

5.–6. Klasse

45 min

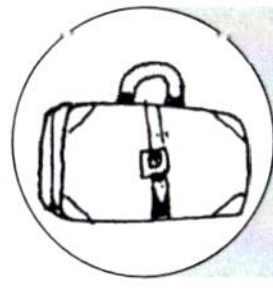

Schülerheft oder Papier

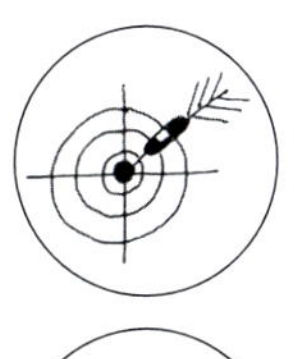

Einüben der Wortarten

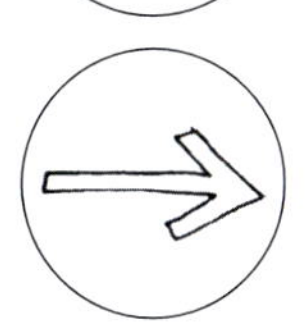

Papier bereitlegen

Die Schüler erhalten Papier und zeichnen sich Bingofelder auf. In jedes Bingofeld notieren sie eine Abkürzung für eine Wortart. Um den Schwierigkeitsgrad zu steuern, kann der Lehrer vorgeben, wie häufig eine Wortart aufgeführt werden muss.

Der Lehrer oder ein Schüler liest nun Wörter vor, die die Schüler in die entsprechenden Bingofelder eintragen müssen. Derjenige, der als Erster eine Zeile waagrecht, senkrecht oder diagonal vollständig gefüllt hat, ruft „Bingo!". Gewonnen hat, wer zuerst alle vier Zeilen gefüllt hat. Allerdings muss auch erläutert werden, weshalb ein bestimmtes Wort der jeweiligen Wortart zugeordnet wird.

Abkürzungen:

S: Substantiv
K: Konjunktion
V: Verb
P: Pronomen
A: Adjektiv
N: Numerale
At: Artikel
Av: Adverb
Pp: Präposition

Beispiel:

S *Sonne*	K *weil*	P *er*	S *Badewanne*
V *singen*	N	At *ein*	Pp
Av	Pp	V	A *lustig*
K *weil*	At *die*	K	A *freundlich*

Nach mehreren Bingorunden können die Schüler allein oder auch in Gruppen aus den von ihnen notierten Wörtern eine Erlebniserzählung oder einen Bericht verfassen, der anschließend im Plenum vorgetragen wird.

Der Lehrer kann auch aus einer Kurzgeschichte Schlüsselwörter vortragen und die von den Schülern erstellte Geschichte mit der ursprünglichen Geschichte vergleichen.

Wörter versenken

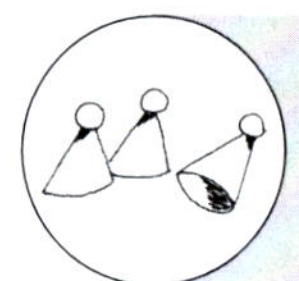

5.–6. Klasse

45 min

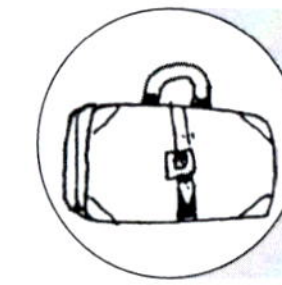

Schülerheft und Kopiervorlagen

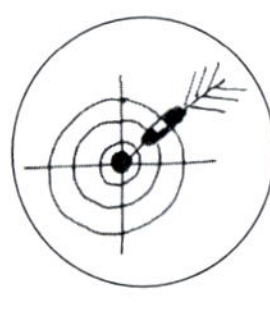

Einüben der Wortarten

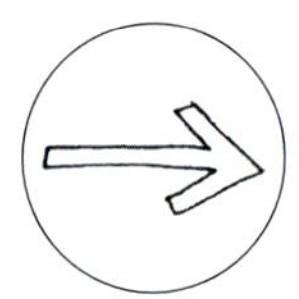

Arbeitsblätter kopieren oder Papier bereitlegen

Die Schüler erhalten die Arbeitsblätter oder zeichnen sich ein entsprechendes Raster nach dem Schema des Spiels „Schiffe versenken".
Aber anstelle von Schiffen werden Wörter bzw. Wortarten „versenkt", d.h. die Schüler müssen Wörter bzw. Wortarten ausfindig machen, die ihr jeweiliger Partner auf seinem Spielfeld „versteckt" hat.
Es spielen immer zwei Schüler zusammen. Im eigenen Spielfeld trägt der Schüler Wörter mit 3, 4 oder 5 Buchstaben senkrecht oder waagrecht ein. Dabei müssen die einzelnen Wörter immer durch ein leeres Kästchen voneinander getrennt bleiben. Der Spielpartner darf dieses Spielfeld nicht einsehen.
Im anderen Spielfeld notieren die Schüler jeweils die Ergebnisse der Befragungen ihres Spielpartners, denn im Laufe des Spiels „suchen" die Spieler die Felder ihres Partners ab. Fragt ein Spieler nach einem Feld, das beschriftet ist, so muss der Partner angeben, welchen Buchstaben das Feld enthält und aus wie vielen Buchstaben das Wort besteht. Wer ein Wort errät, noch bevor er alle Buchstaben erfragt hat, darf es eintragen und gleich weiterfragen.
Gewonnen hat, wer als Erster alle Wörter erfragt hat.

Man kann das Spiel schwieriger gestalten, indem man die Wörter auch diagonal oder im rechten Winkel eintragen lässt:

```
D           T R E
 Ü              F
  N             F
   E            E
                R
```

Auch die Verwendung von Wörtern mit mehr Buchstaben erhöht den Schwierigkeitsgrad.

Sinnvoll ist weiterhin, das Spiel unter bestimmten Vorgaben zu spielen: So können beispielsweise nur Wörter einer bestimmten Wortart zugelassen werden (Adverbien, Verben, Konjunktionen, Präpositionen etc.).

Wörter versenken

Beispiel:

	A	B	C	D	E	F	G	H	I	J	K	L
1		s	c	h	n	e	l	l				
2												
3		d										
4		r										
5		o										
6		l										
7		l										
8		i										
9		g										

	A	B	C	D	E	F	G	H	I	J	K	L
1			p									
2			l									
3			ö			X		f	l	u	g	s
4			t									
5			z									
6			l									
7			i					X				
8			c									
9			h									

eigenes Spielfeld

	A	B	C	D	E	F	G	H	I	J	K	L
1												
2												
3												
4												
5												
6												
7												
8												
9												

Spielfeld des Partners

	A	B	C	D	E	F	G	H	I	J	K	L
1												
2												
3												
4												
5												
6												
7												
8												
9												

	A	B	C	D	E	F	G	H	I	J	K	L
1												
2												
3												
4												
5												
6												
7												
8												
9												

	A	B	C	D	E	F	G	H	I	J	K	L
1												
2												
3												
4												
5												
6												
7												
8												
9												

	A	B	C	D	E	F	G	H	I	J	K	L
1												
2												
3												
4												
5												
6												
7												
8												
9												

	A	B	C	D	E	F	G	H	I	J	K	L
1												
2												
3												
4												
5												
6												
7												
8												
9												

Homonyme-Ratespiel

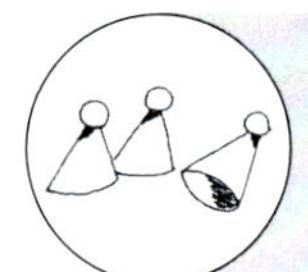

5.–7. Klasse

45 min

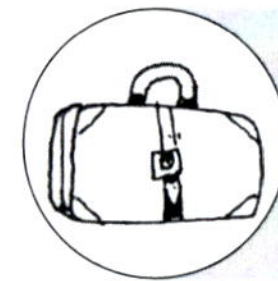

Karten mit Homonymen/ Homophonen, Arbeitsblätter

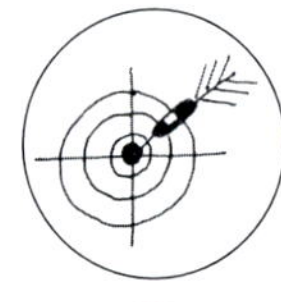

Die Schüler sollen erkennen, dass ein Nomen mehrere voneinander völlig unabhängige Bedeutungen haben kann.

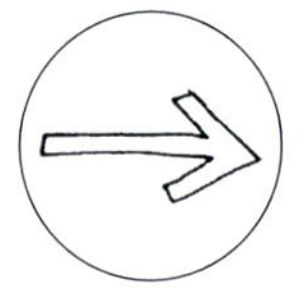

Karten mit Homonymen kopieren, Arbeitsblätter kopieren

Als Einstieg in die Stunde bietet sich zunächst ein kleines Spiel an. Der Lehrer gibt zwei Schülern eine Karte mit einem Homonymen-/Homophonenpaar. Die Schüler erklären ihren Mitschülern abwechselnd die beiden Bedeutungen. Der Schüler, der den Begriff erraten hat, kann mit einem Partner seiner Wahl das nächste Begriffspaar erklären.
In der nächsten Unterrichtsphase sollte im Unterrichtsgespräch der Unterschied zwischen Homonymen und Homophonen erarbeitet sowie darauf eingegangen werden, dass ein Nomen mehrere voneinander völlig unabhängige Bedeutungen haben kann. Auch Homonyme sollten zur Sprache kommen: Homonyme sind Wörter, die man zwar gleich ausspricht, die aber verschiedene Schreibweisen (ggf. auch verschiedene Herkunft) und natürlich auch unterschiedliche Bedeutungen haben. Sie unterscheiden sich häufig auch in Groß-/Kleinschreibung, im Genus und in der Rechtschreibung (z.B. *Seite/Saite*). Weiterhin sollte der Lehrer unbedingt die Bedeutung des Kontexts und damit die Tatsache ansprechen, dass es kaum zu Verwechslung oder Missverständnissen kommt.
Anschließend können die Schüler zur Festigung allein oder in Partnerarbeit das Arbeitsblatt bearbeiten.

Das Spiel zum Stundenanfang kann auch zu zweit gespielt werden. Jeder Spieler bekommt gleich viele Karten. Im Wechsel erklärt ein Schüler dem anderen die beiden Bedeutungen. Wird der Begriff erraten, erhält der Partner die Karte. Gewonnen hat, wer am Ende die meisten Karten hat.

Die Homonymen-/Homophonenpaare können auch in Partner- oder Gruppenarbeit von den Schülern selbst gefunden und von den Mitschülern dann erraten werden.

Homonyme-Ratekarten

Mühle a) Windmühle b) Spiel	**Uhu** a) Vogel b) Klebstoff	**Strauß** a) Vogel b) Blumenstrauß	**Tau** a) Seil b) Morgentau
Kiefer a) Baum b) Unter-/Oberkiefer	**Absatz** a) Treppenabsatz b) Schuhabsatz	**Tempo** a) Geschwindigkeit b) Papiertaschentuch	**Arm / arm** a) Körperteil b) Gegenteil von reich
Flügel a) Körperteil eines Vogels b) Gebäudeteil	**Linse** a) Fotoapparat b) Gemüse	**Feige / feige** a) Obst b) Charaktereigenschaft	**Futter** a) Tiernahrung b) Innenteil eines Kleidungsstücks
Bank a) Sitzmöbel b) Geldinstitut	**Rolle** a) beim Theater b) Papierrolle	**Löffel** a) Ohr eines Hasen b) Besteck	**Surfen** a) Wellenreiten b) im Internet surfen
Spion a) Agent b) Guckloch in der Tür	**Schlange** a) Tier b) Warteschlange	**Rock** a) Kleidungsstück b) Musikrichtung	**Birne** a) Obst b) Glühbirne
Eis a) Speiseeis b) gefrorenes Wasser	**Kreuz** a) Rücken b) Symbol des Christentums	**Lied / Lid** a) Musikstück b) Teil des Auges	**Leuchte** a) Lampe b) intelligenter Mensch
Bach a) kleiner Fluss b) Komponist	**Kerze** a) Lichtquelle b) Turnübung	**Gericht** a) Mahlzeit b) Arbeitsplatz des Richters	**Bienenstich** a) Kuchen b) Insektenstich
Boxer a) Hunderasse b) Sportler	**Auge** a) Sinnesorgan b) Mittelpunkt einer Sturmart	**Note** a) musikalisches Zeichen b) Bewertung	**Heide** a) Nichtchrist b) Landschaft

Homonyme – Arbeitsblatt

I. Finde die richtigen Homonyme!

1. Krawattenersatz ______________________ Insekt
2. Teil einer Haarfrisur ______________________ kleines Pferd
3. Dummkopf ______________________ Öffnung
4. kleines Handarbeitsgerät ______________________ Teil einer Baumart
5. sich schnell bewegen ______________________ Grasfläche
6. einen Preis haben ______________________ schmecken
7. bevor ______________________ zwischenmenschliche Verbindung
8. Transportmittel ______________________ Einatmung
9. Sinnesorgan ______________________ Teil eines Schnürschuhs
10. männliches Huhn ______________________ Teil des Waschbeckens
11. Sportgerät ______________________ Teil der Tür
12. Computerzubehör ______________________ kleines Tier
13. Stadt in Schleswig-Holstein ______________________ Teil eines Schiffs
14. Blume ______________________ Gewürz
15. Transportmittel ______________________ Kirchenraum
16. Tier ______________________ Gerät zum Zerkleinern von Fleisch
17. Fest ______________________ Sportgerät

II. Ergänze weitere Beispiele:

18. ______________________ ______________________ ______________________

19. ______________________ ______________________ ______________________

20. ______________________ ______________________ ______________________

-------------------------------- *hier umknicken* --------------------------------

Lösungen:

1. Fliege 2. Pony 3. Tor 4. Nadel 5. rasen/Rasen 6. kosten 7. ehe/Ehe 8. Zug 9. Zunge 10. Hahn 11. Angel

12. Maus 13. Kiel 14. Nelke 15. Schiff 16. Wolf 17. Ball 18. ____________ 19. ____________ 20. ____________

Fehlertext ohne Punkt und Komma

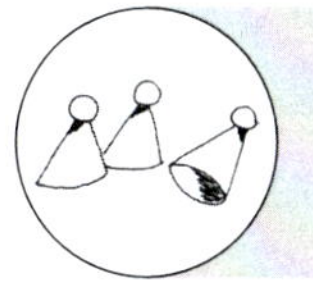

5.–8. Klasse

45 min

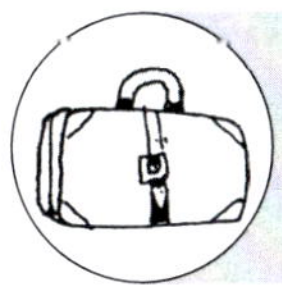

Arbeitsblatt,
Schülerheft

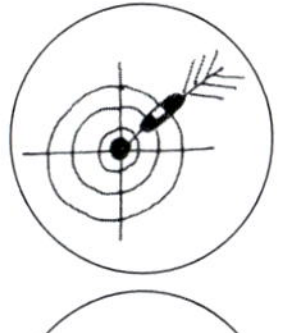

Wiederholung und Festigung der wichtigsten Interpunktions- und Orthografieregeln

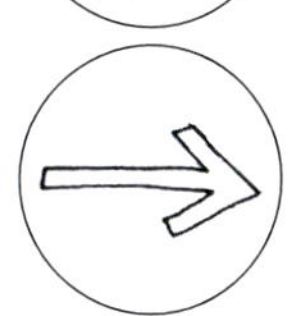

Arbeitsblätter kopieren

Zu Beginn der Stunde kann der Lehrer einen Text an die Wand projizieren, der in Großbuchstaben und ohne Leerzeichen zwischen den Wörtern und auch ohne Zeichensetzung geschrieben ist. Ein Schüler muss den Text laut und mit korrekter Betonung vorlesen. Die Bedeutung von Orthografie und Interpunktion wird somit sofort deutlich und kann im Unterrichtsgespräch thematisiert werden. Anschließend teilt man den Schülern das Arbeitsblatt mit dem Text aus, der berichtigt werden soll. Im Plenum wird die korrekte Schreibweise festgehalten. Ausgehend von den richtigen Lösungen können die wichtigsten Regeln der Interpunktion und der Rechtschreibung wiederholt werden.

Vorschlag für ein Tafelbild zur Kommasetzung:

Komma steht:
- bei aneinandergereihten Hauptsätzen: *Sie las, er kochte.*
- zwischen Haupt- und Nebensätzen: *Sie las, während er kochte.*
- bei angekündigten Wortgruppen (wie z. B. Infinitivsätzen): *Er wies ausdrücklich darauf hin, dass alle Aufgaben zu bearbeiten seien.*
- bei Aufzählungen, die nicht durch „und" oder „oder" verbunden sind: *Er putzte, kochte, kaufte ein und brachte die Kinder ins Bett.*
- bei nachgestellten näheren Bestimmungen: *Dennis, der wahre Held, besiegte den Drachen.*

Kein Komma steht:
- bei gleichrangigen Hauptsätzen, die durch „und" oder „oder" verbunden sind: *Die Männer liefen voraus und die Stiere folgten ihnen.*
- bei Aufzählungen, die durch „und" oder „oder" verbunden sind: *Er muss den Salat putzen und das Obst waschen.*
- bei Infinitiv- oder Partizipialgruppen ohne Ankündigung: *Er sah den Bus näherkommen.*

Falls noch Zeit bleibt, kann man die Schüler auch dazu auffordern, selbst entsprechende Texte für ihre Mitschüler zu verfassen. Allerdings sollte man unbedingt darauf bestehen, dass immer auch eine korrekte Version angefertigt wird, die als Lösung dient.

Der Text, der zum Thema der Stunde hinführt, sollte kurz sein; ebenso wie die Texte, die die Schüler für ihre Mitschüler verfassen.
Es bietet sich an, als Kontaktadresse die Adresse der eigenen Schule einzusetzen.

Fehlertext ohne Punkt und Komma

Im folgenden Text ist einiges schiefgelaufen!
Verbessere die Rechtschreibfehler und füge die fehlenden Satzzeichen ein.

Schuhle isst doov!

wer so etwas schreibt ist es auch es giebt jedoch viele möglichkeiten seine sprachliche qualität zu verbessern zeichensezung und rechtschreibung sind schon einmal die ersten schritte die man beherschen solte um sich im deutschunterricht wohler zu fülen wenn man zwischen haupt und nebensätzen unterscheiden kan ist schon einmal viel geholfen den dann macht man auch nicht mehr so viele komafehler aber auch wen man gross und kleinschreibung beherscht kann man schon viele probleme ausreumen ausadem isst die unterscheidung zwischen s, ss und ß wichtig also schauen wir mal ob ihr alle feler erkant und alle satzeichen die in diesem text fehlen richtig eingesezt habt

solltest du noch fragen haben dann ist folgende kontaktadresse wichtig:

Muster-Gymnasium Musterstadt
Talhofstraße 17
97865 Musterstadt
Tel.: 08105 / 987600

vieleicht reicht es aber auch wen du im uhntherricht aufpasst?

-- *hier umknicken* --

Lösung:

Schule ist doof!

Wer so etwas schreibt, ist es auch. Es gibt jedoch viele Möglichkeiten(,) seine sprachliche Qualität zu verbessern. Zeichensetzung und Rechtschreibung sind schon einmal die ersten Schritte, die man beherrschen sollte, um sich im Deutschunterricht wohler zu fühlen. Wenn man zwischen Haupt- und Nebensätzen unterscheiden kann, ist schon einmal viel geholfen. Denn dann macht man auch nicht mehr so viele Kommafehler. Aber auch wenn man Groß- und Kleinschreibung beherrscht, kann man schon viele Probleme ausräumen. Außerdem ist die Unterscheidung zwischen s, ss und ß wichtig. Also schauen wir mal, ob ihr alle Fehler erkannt und alle Satzzeichen, die in diesem Text fehlen, richtig eingesetzt habt.

Solltest du noch Fragen haben, dann ist folgende Kontaktadresse wichtig:

...

Vielleicht reicht es aber auch, wenn du im Unterricht aufpasst?

Memory®: Stilmittel/Wortarten

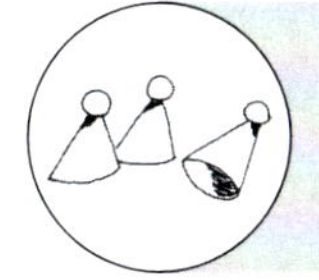

5.–10. Klasse
(je nach inhaltlicher Füllung)

45 min

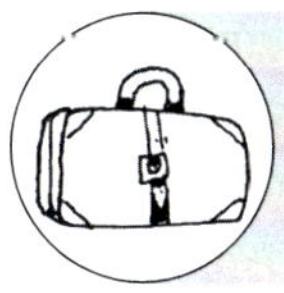

Memory®-Karten

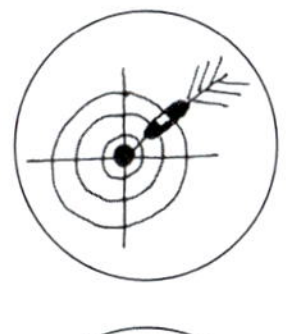

Wiederholung der Stilmittel / Wortarten

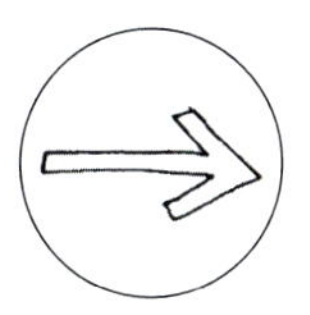

Kopieren der Memory®-Vorlagen und Schneiden der Karten

Zunächst werden Kleingruppen zu je vier Schülern gebildet und jede Gruppe erhält einen Satz Memory®-Karten.
Die Karten werden mit dem Rücken nach oben auf den Tisch gelegt und vermischt. Der erste Spieler wählt eine Karte aus, die er aufdeckt. Er sucht das passende Gegenstück, darf aber nur eine weitere Karte umdrehen. Findet er die passende Karte auf Anhieb, darf er sie behalten. Deckt er eine falsche auf, kommt der nächste Spieler an die Reihe. Die Mitspieler kontrollieren, dass auch immer nur zwei passende Karten behalten werden. Im Zweifelsfall wird der Lehrer um Rat gefragt.
Gewonnen hat, wer die meisten Karten hat.

Man kann die Schwierigkeitsstufe erhöhen, wenn man nicht nur Paare finden lässt, sondern drei zusammenpassende Karten. Wenn die Karten einer Kategorie jeweils eine Farbe haben, fällt es leichter, die drei zusammenpassenden Karten zu finden. Dies ist aber nicht zwingend notwendig.

Setzt man Memory®-Karten zu unterschiedlichen Bereichen des Deutschunterrichts ein, können die Gruppen die Karten nach einer bestimmten Zeit tauschen.

Die Schüler können im Anschluss an das Spiel weitere Memory®-Karten erarbeiten.

Memory®: Stilmittel (ab 9. Klasse)

Alliteration	aufeinanderfolgende Wörter beginnen mit demselben Buchstaben	bei Wind und Wetter
Antithese	gegensätzliche Ausdrücke	gut und böse
Parallelismus	Beibehalten einer Satzstruktur bei neuer Formulierung	Heiß ist die Liebe, kalt ist der Schnee.
Asyndeton	wiederholtes Auslassen einer Konjunktion	Alles rennet, rettet, flüchtet.
Hyperbel	Übertreibung	Das habe ich dir schon tausendmal gesagt.
Euphemismus	Beschönigung	hinscheiden
Klimax	Steigerung	Ich kam, sah und siegte.
Inversion	Veränderung der üblichen Wortfolge im Satz	Röslein rot
Metapher	bildhafte Verwendung eines Begriffs	der Garten der Liebe
Personifikation	Vermenschlichung: leblose Dinge werden als Personen dargestellt.	Die Sonne lacht.
Oxymoron	Verbindung gegensätzlicher Begriffe	schwarzer Schimmel
Pleonasmus	überflüssige (weil selbstverständliche Beifügung)	weißer Schimmel
Exklamation	Ausruf	Oh!
Periphrase	Umschreibung durch mehrere Wörter	jenes höhere Wesen, das wir verehren (anstelle von Gott)
Litotes	Beschreibung durch doppelte Verneinung	nicht unmöglich (für möglich)
Neologismus	Wortneuschöpfung	Technologiepark

Memory®: Wortarten (5. Klasse)

Substantiv	Namenwort	Katze
Artikel	Geschlechtswort	der, die, das
Verb	Tunwort	lesen
Adverb	Umstandswort	umständlich
Adjektiv	Eigenschaftswort	spannend
Präposition	Verhältniswort	auf
Numerale	Zahlwort	fünf
Personalpronomen	persönliches Fürwort	du
Possessivpronomen	besitzanzeigendes Fürwort	unser
Interrogativpronomen	Fragewort	wann?
Konjunktion	Bindewort	weil
Pronomen	Fürwort	er

Sprichwörter/Redensarten

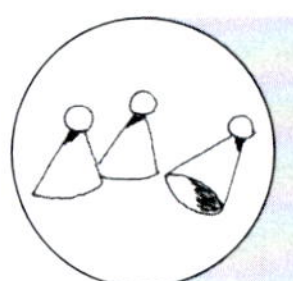

7.–9. Klasse

45 min

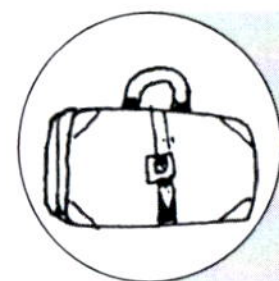

Karten mit verschiedenen Sprichwörtern/Redensarten, Tafel, Schülerheft

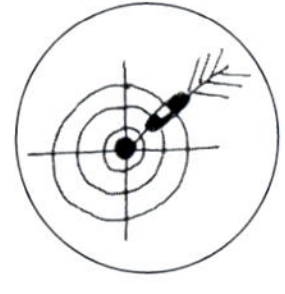

Einblick in idiomatische Wendungen, Verbesserung des schriftlichen Formulierens

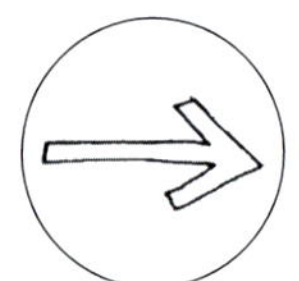

Beschriften der Karten mit verschiedenen Sprichwörtern/Redensarten bzw. Sammeln verschiedener Wendungen

Ein Schüler erhält eine Karte mit einem Sprichwort bzw. einer Redensart. Nun kann er wählen: Entweder malt er das Sprichwort bzw. die Redensart an die Tafel oder er stellt das Sprichwort/die Redensart pantomimisch dar. Die Klasse versucht, das dargestellte Sprichwort bzw. die dargestellte Redensart zu erraten.
Im Anschluss an das Erraten soll sich jeder Schüler für ein Sprichwort/eine Redensart entscheiden und eine Geschichte dazu erfinden, die dieses/diese erläutert.

Beispiele:

- jemanden durch den Kakao ziehen
- jemandem einen Knüppel zwischen die Beine werfen
- jemandem aufs Dach steigen
- Eulen nach Athen tragen
- eine Schraube locker haben
- jemanden um den kleinen Finger wickeln
- sich in die Höhle des Löwen begeben
- den Vogel abschießen
- zwei Fliegen mit einer Klappe schlagen
- ins Fettnäpfchen treten
- einen Frosch im Hals haben
- seinen Senf dazugeben
- Eine Schwalbe macht noch keinen Sommer.
- das Geld zum Fenster hinauswerfen
- jemanden an der Nase herumführen
- jemandem einen Bären aufbinden
- Wer anderen eine Grube gräbt, fällt selbst hinein.
- aus einer Mücke einen Elefanten machen
- Morgenstund hat Gold im Mund
- in den sauren Apfel beißen
- etwas an die große Glocke hängen
- etwas auf die lange Bank schieben

Das Spiel kann auch als Wettbewerb gestaltet werden, indem man die Klasse in zwei Gruppen teilt, die gegeneinander antreten. Die Gruppe, die die meisten Sprichwörter innerhalb einer vorgegebenen Zeit erraten hat, hat gewonnen.

Es bietet sich an, zu Beginn der Stunde den Schülern das nachfolgende Arbeitsblatt auszuteilen, auf dem sich verdrehte Sprichwörter/Redensarten finden, die sie berichtigen müssen. Auf diese Weise erhalten die Schüler bereits Anregungen, nach weiteren ihnen bekannten Sprichwörtern/Redensarten zu suchen, die dann auf die oben beschriebene Art und Weise dargestellt werden können.

Sprichwörter/Redensarten

Die folgenden Sprichwörter/Redensarten sind durcheinandergeraten. Setze sie in deinem Heft wieder richtig zusammen.

1. Bellende Hunde gründen tief.
2. Wer im Glashaus sitzt, ist schwer.
3. Hunger soll nicht mit Steinen werfen.
4. Der Apfel macht noch keinen Sommer.
5. Stille Wasser beißen nicht.
6. Ordnung fällt nicht weit vom Stamm.
7. Eine Schwalbe ist das halbe Leben.
8. Aller Anfang ist der beste Koch.
9. Kinder und Narren haben kurze Beine.
10. Eine gebratene Taube kommt selten allein.
11. Wie der Hirt, so der Lohn.
12. Geteiltes Leid macht das Leben süß.
13. Müßiggang ist die Mutter der Porzellankiste.
14. Ein voller Bauch kommt vor dem Fall.
15. Wie die Arbeit, so das Vieh.
16. Arbeit ist halbes Leid.
17. Vorsicht ist aller Laster Anfang.
18. Hochmut studiert nicht gern.
19. Ein Unglück fliegt keinem ins Maul.
20. Lügen sprechen die Wahrheit.
21. Auch ein blindes Huhn hat die Qual.
22. Wer zuletzt lacht, der rostet.
23. Wo ein Wille ist, da ist auch Feuer.
24. Wer rastet, findet mal ein Korn.
25. Wer die Wahl hat, lacht am besten.
26. Was lange währt, ist ein sanftes Ruhekissen.
27. Wer nicht kommt zur rechten Zeit, hat Gold im Mund
28. Wo Rauch ist, da ist auch ein Weg.
29. Ein gutes Gewissen wird endlich gut.
30. Morgenstund muss nehmen das, was übrig bleibt.

---------------- *hier umknicken* ----------------

Lösung:

1. Bellende Hunde beißen nicht.
2. Wer im Glashaus sitzt, soll nicht mit Steinen werfen.
3. Hunger ist der beste Koch.
4. Der Apfel fällt nicht weit vom Stamm.
5. Stille Wasser gründen tief.
6. Ordnung ist das halbe Leben.
7. Eine Schwalbe macht noch keinen Sommer.
8. Aller Anfang ist schwer.
9. Kinder und Narren sprechen die Wahrheit
10. Eine gebratene Taube fliegt keinem ins Maul.
11. Wie der Hirt, so das Vieh.
12. Geteiltes Leid ist halbes Leid.
13. Müßiggang ist aller Laster Anfang.
14. Ein voller Bauch studiert nicht gern.
15. Wie die Arbeit so der Lohn.
16. Arbeit macht das Leben süß.
17. Vorsicht ist die Mutter der Porzellankiste.
18. Hochmut kommt vor dem Fall.
19. Ein Unglück kommt selten allein.
20. Lügen haben kurze Beine.
21. Auch ein blindes Huhn findet mal ein Korn.
22. Wer zuletzt lacht, lacht am besten.
23. Wo ein Wille ist, da ist auch ein Weg.
24. Wer rastet, der rostet.
25. Wer die Wahl hat, hat die Qual.
26. Was lange währt, wird endlich gut.
27. Wer nicht kommt zur rechten Zeit, muss nehmen das, was übrig bleibt.
28. Wo Rauch ist, da ist auch Feuer.
29. Ein gutes Gewissen ist ein sanftes Ruhekissen.
30. Morgenstund hat Gold im Mund.

Rotkäppchen vier Mal anders

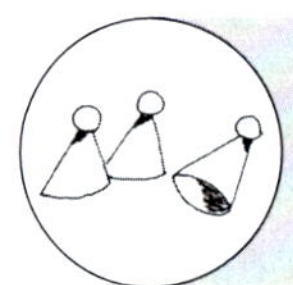

9.–10. Klasse

45 min

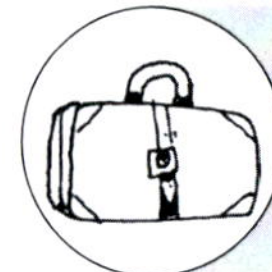

Arbeitsblätter, Tafel, Folien und Folienstifte für 4 Gruppen (bzw. je nach Klassenstärke auch mehr)

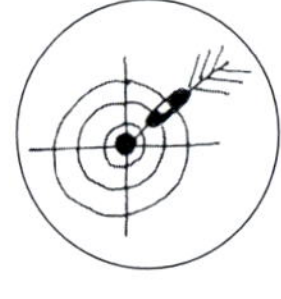

Unterschiedliche Varietäten / Gruppensprachen des Deutschen erkennen

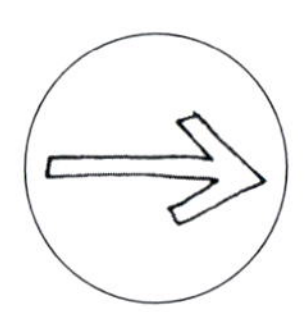

Arbeitsblätter kopieren, Folien

Als Einstieg in die Stunde schreibt der Lehrer den Begriff Rotkäppchen in verdrehter Reihenfolge an die Tafel: NEKPÄPHRTOHC. Die Klasse muss raten, um welches Wort es sich handelt. Anschließend wird der Inhalt des Märchens kurz rekapituliert, bevor die Klasse in vier Gruppen eingeteilt wird und Folien sowie den Text des Märchens erhält mit …

folgenden Arbeitsaufträgen:

1. Lest euch den Text genau durch und überlegt, wer oder welche Gruppe auf diese Weise spricht.
2. Arbeitet typische Merkmale und Kennzeichen dieser Art zu sprechen heraus, gliedert sie sinnvoll und notiert sie auf der Folie.
3. Bestimmt einen Schüler aus eurer Gruppe, der bei der Besprechung der Arbeitsergebnisse den Textanfang vorträgt, damit die anderen raten können, welche Gruppe auf diese Weise spricht, und der auch eure Ergebnisse präsentiert.

Falls nach der Präsentation der Arbeitsergebnisse noch Zeit bleibt, können die unterschiedlichen Gruppensprachen und auch Sprachregister des Deutschen thematisiert und u. U. in einem Tafelbild systematisiert werden.

Die Schüler können auch aufgefordert werden, selbst einen bekannten Text in einer der vorgestellten Sprachen zu verfassen.

Lösung:

Version 1: Rotkäppchen, wie es der Jurist erzählt
Version 2: Rotkäppchen, wie es der Mathematikstudent erzählt
Version 3: Rotkäppchen, wie es Jugendliche erzählen könnten
Version 4: Rotkäppchen, wie es der Psychologe erzählt

Rotkäppchen – Version 1

Es war einmal eine Minderjährige. Der Überlieferung nach im vorpubertären Alter.

Die Eltern des Mädchens hatten ihr in Ausübung des ihnen gesetzlich eingeräumten Namenbestimmungsrechts (§ 1627 Abs.1, 2 BGB) den Rufnamen Rotkäppchen gegeben, unbeanstandet vom Standesamt, das gemäß §§ 16, 17 des Personenstandsgesetzes nach gebundenem Ermessen hätte widersprechen können.

Rotkäppchen wurde von der Mutter beauftragt (§ 622 BGB), Kuchen und Wein zu der im Walde wohnenden kranken Großmutter zu bringen, ohne dass übermittelt ist, ob es sich dabei um die Großmutter väterlicher- oder mütterlicherseits handelte. Im Rahmen der Aufsichtspflicht (§ 832 BGB) erfolgte eine der nach herrschender Meinung ausreichende Belehrung vor den möglichen Gefahren des Weges. In ständiger Rechtsprechung wird die Auffassung vertreten, dass selbst bei einem 6-jährigen Kind, soweit keine schädlichen Neigungen festgestellt werden, es ausreicht, vor den allgemein üblichen Gefahren einer Weggefährdung zu warnen, um alsdann das Kind unbewacht zu lassen; eine ständige Begleitung durch eine Aufsichtsperson wird nicht gefordert, ein ständiges Eingesperrtsein des Kindes in diesem Alter ist weder geboten noch aus erzieherischen Gründen erwünscht (VersR 1972, Seite 54)!

Entgegen dieser für ausreichend anzusehenden Belehrung ließ sich das Kind von einem der menschlichen Sprache mächtigen Wolf in ein Gespräch verwickeln und gab bei dieser Gelegenheit Informationen preis, die der Wolf arglistig zu seinem Vorteil ausnutzte. Die insoweit erfolgte Einlassung des Kindes hinsichtlich des Gesprächs mit dem Tier ist nicht zu widerlegen, zumal bekanntermaßen auch Loriot im Fernsehen einen sprechenden Hund vorführen konnte.

Die weiteren Angaben des Mädchens anlässlich seiner Vernehmung um die Vorkommnisse im Hause der Großmutter, dass nämlich der Wolf zunächst die Großmutter und alsdann nach einem etwas verfänglichen Gespräch auch Rotkäppchen bei lebendigem Leibe verschlungen habe, wurde indirekt durch die Zeugenaussage des Jägers bestätigt, der durch Aufschneiden des sich im Tiefschlaf befindlichen Wolfs die beiden Personen unverletzt befreite. Als Präjudiz kann auf den Propheten Jonas verwiesen werden, von dem in der Bibel überliefert ist, dass er zunächst von einem Fisch (Jonas 2,1) verschlungen und nach 3 Tagen – möglicherweise wegen Unbekömmlichkeit – wieder ausgespuckt wurde (Jonas 2,11).

Das Aufschneiden des Wolfs durch den Jäger ist tatbestandsmäßig als verbotene Vivisektion zu werten. Die mögliche Einlassung des Jägers, eine Tötung des Tieres – etwa durch Kopfschuss – sei wegen der gerade laufenden Schonzeit nicht zumutbar gewesen, wäre eine Schutzbehauptung und darum unbeachtlich. Wegen des vorhandenen Notstandes entfällt jedoch zumindest der Schuldvorwurf, was eine Bestrafung ausschließt (§ 35 StGB).

Dagegen ist der Jäger wegen Tierquälerei nach dem Tierschutzgesetz zu bestrafen, soweit er als Mittäter gemeinschaftlich handelnd (§ 25 Abs. 2 StGB) mit der gleichfalls straffälligen Großmutter und dem noch nicht strafmündigen Rotkäppchen (§ 19 StGB) den aufgeschnittenen Wolf mit schweren Feldsteinen füllte und so den qualvollen Tod des Tieres herbeiführte. Die verwirkte Strafe wäre jedoch mit Rücksicht auf die zuvor erbrachte Hilfeleistung zur Bewährung auszusetzen.

Dem Vernehmen nach soll Rotkäppchen später mit dem Jäger die Ehe eingegangen sein, beide sollen die Großmutter zu sich genommen haben.

Und wenn sie nicht gestorben sind, dann lügen sie noch heute.

Rotkäppchen – Version 2

Es war einmal ein Mädchen, dem wurde eindeutig eine rote Kappe zugeordnet, wodurch es als Rotkäppchen definiert wurde. „Kind", argumentierte die Mutter, „werde kreativ, mathematisiere die kürzeste Verbindung zur Großmutter, analysiere aber nicht die Blumen am Wege, sondern formalisiere deinen Weg in systematischer Ordnung." Rotkäppchen vereinigte einen Kuchen, eine Wurst und eine Flasche Wein zu einer Menge, hinterfragte nochmal den Weg und ging los. Im Walde schnitt ihr Weg den Weg eines Wolfes. Er diskutierte mit ihr über die Relevanz eines Blumenstraußes für die Großmutter und motivierte sie, einen geordneten, höchstens abzählbaren Strauß zu verknüpfen. Inzwischen machte der Wolf die Großmutter zu einer Teilmenge von sich.

Als Rotkäppchen dann ankam, fragte sie: „Großmutter, warum hast du so große Augen?" „Ich habe gerade mein BAföG erhalten!" „Großmutter, warum hast du so große Ohren?" „Ich habe versucht, Prüfungsfragen durch die Tür zu erlauschen!" „Großmutter, warum hast du einen so großen Mund?" „Ich habe gerade versucht, das Mensa-Essen zu schlucken!" Daraufhin machte sich der Wolf zur konvexen Hülle von Rotkäppchen.

Ein Jäger kam, sah eine leere Menge von Großmutter im Haus und problematisierte die Frage, bis sie transparent wurde. Dann nahm er sein Messer und machte aus dem Wolf eine Schnittmenge. Die im Wolf integrierten Personen wurden schleunigst von ihm subtrahiert. Zum Wolf wurde eine mächtige Menge von Steinen addiert. Er fiel in einen zylinderförmigen kartesischen Brunnen, bis seine Restmenge nicht mehr existent war.

Rotkäppchen – Version 3

Da wa ma 'ne echt coole Frau, die hatte sich die Haare mit Henna gefärbt, da hieß sie überall nur noch Rotkäppchen. Die wohnte bei ihren Alten wegen der Kohle, auf malochen hatte sie Null Bock. Aber die Alten machten total Terror von wegen jobben oder so. Emotional lief da sowieso nichts mehr, und 'ne Zweierkiste hatte sie auch gerade nicht am Laufen. Da sagte sie sich: „Hier wirste nich alt, und überhaupt is Action angesagt", und machte sich vom Acker zu 'ner befreundeten Land-WG, die hatten mitten im Wald 'n irres Haus aufgerissen, von so 'ner kranken Oma. Bei Karstadt in der Reformabteilung klaute die Frau noch 'ne Packung Müsli und 'ne Flasche okzitanischen Bio-Wein und trampte dann los.

Klappte auch alles ganz locker, nur das letzte Stück ging sie zu Fuß durch den Wald. Da kam ein total ausgeflippter Typ angelatscht, ganz schön beknackt, sag ich dir, Wolfgang hieß der oder so, is ja auch egal. Der Typ hing so rum, laberte was von 'nem Blumenstrauß und 'ner Großmutter und wo die denn wohnen würde.

Die Frau war echt genervt und kriegte wahnsinnige Aggressionen: „Also, ich find das unheimlich Scheiße oder so. Das ist ja wohl die Härte, wie du mich hier so repressiv anmachst, da läuft echt Null!" Der abgefuckte Freak brauchte 'ne Weile, bis er das geschnallt hatte. Der war total geschockt. Dann verpisste er sich, war wohl 'n echter Hammer für den, identitätsmäßig oder so, der hing völlig durch für 'n paar Wochen, war aber bestimmt 'n wichtiger Lernprozess. So kriegt der ja nie 'n Bein auf die Erde, wa?

Un die Frau, die hat sich voll eingebracht in die Land-WG, die waren alle unheimlich lieb und spontan. Hab ich alles von dem Wilhelm gehört, das ist der Bruder vom Jakob. Die beiden Typen erzählen vielleicht heiße Storys. Echt irre, ehrlich!

Rotkäppchen – Version 4

Der vorliegende Fall, mit dem sich bereits namhafte Psychologen beschäftigten, zeigt einmal mehr, welchen enormen Einfluss frühkindliche Prägungen auf die spätere Selbstfindung innerhalb der Gesellschaft haben. Das neunjährige Mädchen, mit dem alles begann, hatte den Fetisch einer roten Kappe zu eigen, die sie ständig trug und ihr so den Spitznamen Rotkäppchen einbrachte. Um ihre Handlungsmuster besser verstehen zu können, muss gesagt werden, dass sie nach dem frühen Tod ihres Vaters als Einzelkind von ihrer Mutter in eine Ersatzrolle geschoben wurde, mit der sie altersmäßig überfordert war. Da ihr außerdem ein gesundes Leitbild zur eigenen Identitätsfindung fehlte, wurde bereits im Alter von ca. fünf Jahren die Grundlage zu einem hysterisch-depressiven Wesen geschaffen.

Eines Tages beauftragte ihre Mutter Rotkäppchen, der hypochondrischen Großmutter, die durch ihr psychosomatisch bedingtes Hüftleiden so gut wie ans Bett gefesselt war, die täglichen Psychopharmaka zu bringen. Rotkäppchen, deren Unfähigkeit, Bedürfnisspannen zu ertragen, der Mutter unterbewusst durchaus bekannt war, wurde von ihr aufgefordert, sich nicht von ihrer Wunschbesessenheit und dem Drang zur Sofortbefriedigung überwältigen zu lassen, sondern auf direktem Wege zur Hütte der Großmutter zu gehen. Rotkäppchen gehorchte auch, bis sie einem großen, ungepflegten Wolf begegnete. In ihrer vorpubertären Naivität erkannte sie seinen äußerst stark erlebten Impuls zur Überkompensation von Aggressivität nicht. Er schlug vor, der Großmutter einen Strauß Blumen von der nahegelegenen Wiese zu pflücken, denn als allgemeingesellschaftliches Symbol für Zuneigung würde dieser vielleicht die Angst der alten Frau mildern, nicht wirklich geliebt zu werden. Als das naive Mädchen begann, gemäß ihrer persönlichen Farbpräferenzen Blumen auszuwählen, machte sich der Wolf auf den Weg zur Großmutter und sein aggressives Energiepotenzial entlud sich spontan, indem er die alte Frau auf der Stelle fraß. Als Rotkäppchen die Hütte betrat, bemerkte sie – infolge eines unterschwellig ausgeprägten vorhandenen Selbstschutzpotenzials bereits abgestumpft im Umgang mit der kränkelnden Frau – keinerlei Veränderung. Lediglich einige unwesentliche Äußerlichkeiten wurden ihr intuitiv bewusst und so fragte sie:

„Großmutter, warum hast du so große Augen?" „Damit ich deine Körpersprache besser analysieren kann."

„Aber Großmutter, warum hast du so große Ohren?" „Damit ich deine Ängste besser verstehen kann."

„Und warum hast du so einen großen Mund?" „Damit ich dir bessere Tipps für deine Ich-Findung geben kann."

Mit diesen Worten verschlang der Wolf das Mädchen und fiel alsbald in einen traumlosen Schlaf. Nun ereignete es sich zur selben Zeit, dass Sigmund Freud dem Ursprung des Über-Ichs auf der Spur war, den er ganz in der Nähe dieser Hütte vermutete. Als er das laute Schnarchen des Wolfes hörte, fühlte er sofort, dass nur ein Wesen mit einer starken schizoiden Ausprägung solche Töne von sich geben könne. Immer auf der Suche nach aussagekräftigen Beispielfällen für sein neues Buch betrat er die Hütte, weckte vorsichtig den Wolf und versprach ihm 50 kostenlose Therapiestunden, wenn er ihm seine Lebensgeschichte erzählte.

Das nun Folgende ist ein erschreckendes Beispiel für die Auswirkungen intrafamiliärer Spannungen auf die Entwicklung eines Welpen.

Als Kleinstwolf von nur wenigen Wochen erlebte er, wie sein Vater das Rudel verließ und die Mutter ein Verhältnis mit einem gefürchteten Pitbull-Terrier aus Hannovers Innenstadt begann. Dessen rauhe, um nicht zu sagen brutale Umgangsformen gegenüber den Welpen beeinflussten deren zart-sensibles Gefühlsleben nachhaltig. Da sie in der Folgezeit nicht die benötigte Atmosphäre der Geborgenheit fanden, um ein Urvertrauen in das Leben zu entwickeln, blieb die allererste Du-Findung aus und es entstand ein tiefes Misstrauen gegen die Welt sowie das permanente Gefühl, sich zur Wehr setzen zu müssen. Die latente Unfähigkeit, adäquat zu kommunizieren, verhinderte die spätere psychosoziale Selbstfindung.

Nach zwei gescheiterten Hypnoseversuchen, mehreren Zeichnungen und einem sehr intensiven Gespräch gelang es dem Meister der Psychoanalyse jedoch, das so lange vor der Umwelt versteckte, mitfühlende Ich des Wolfes anzusprechen und dieser übergab sich gerade noch rechtzeitig, um Rotkäppchen und seine Großmutter lebend herauszuwürgen.

Da Freud unmöglich alle drei Personen betreuen konnte – immerhin waren traumatische Folgen zu erwarten – holte er schnell einige Kollegen zur Stelle, um eine persönliche Betreuung während und nach dem Abklingen des akuten Schockzustandes zu gewährleisten.

Eine mehrjährige Therapie ermöglichte es Rotkäppchen und seiner Großmutter schließlich, ihre Klaustrophobie zu überwinden. Der verkannte und missverstandene Wolf allerdings konnte mit seinen Schuldgefühlen nicht leben. Auch eine stationäre Behandlung hinderte ihn nicht daran, beim ersten Freigang aus seiner Kammer dem letztlich auf Selbstvernichtung ausgerichteten Todestrieb nachzugeben und sich in den klinikeigenen Brunnen zu stürzen.

Märchenwerkstatt

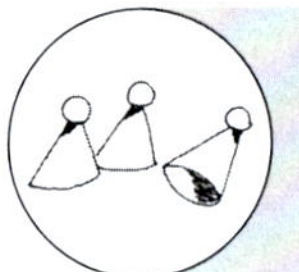

5.–6. Klasse

45–90 min

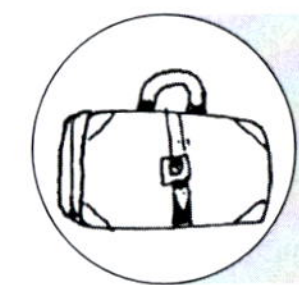

Arbeitsblatt, Schülerheft

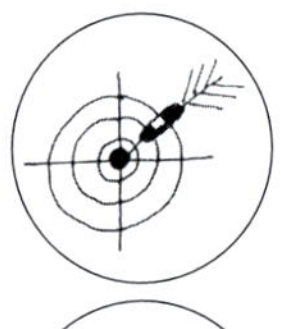

Vertrautwerden mit der epischen Kleinform Märchen, kreative Umsetzung der erworbenen Kenntnisse

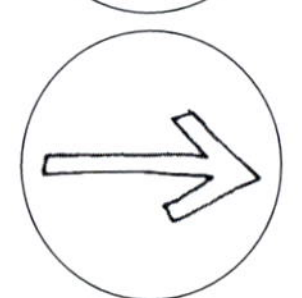

Arbeitsblätter kopieren

Die Stunde beginnt der Lehrer mit dem Satzanfang „Es war einmal …" und fragt, welche Geschichten auf diese Weise beginnen. Anschließend kann die Klasse Märchen benennen, die allgemein bekannt sind, bevor die Schüler ein Arbeitsblatt erhalten, mit der Frage, ob sie auch dieses Märchen kennen. Nachdem die Schüler den Text mit den verschiedenen Märchenbruchstücken „entwirrt" haben, sollen sie in Partnerarbeit die typischen Merkmale eines Märchens erarbeiten. Die Ergebnisse können in einem Tafelbild festgehalten werden.

Vorschlag für ein Tafelbild:
Typische Merkmale eines Märchens

Wunderbarer Erzählstoff:

- Die Begegnung mit dem Wunderbaren erstaunt niemanden.
- Ort und Zeitpunkt der Handlung sind nicht genauer bestimmt.
- Gut und Böse treffen aufeinander; Gegner und Helfer kommen oft nicht aus der Welt der Menschen, z.B.: Gegner: *böse Zauberer, Hexen, Gnome, …*; Helfer: *gute Feen, sprechende Tiere, …*
- Dinge oder Personen haben magische Fähigkeiten, z.B.: *Zauberschwert, magische Federn/Haare, …*
- Es handeln immer „typische" Personen, z.B.: *König/-in, Prinz/-essin, Fee, böse Stiefmutter, Handwerksgeselle, …*
- Verzauberte Dinge oder Personen müssen erlöst werden.
- Magische Zahlen (3, 7 etc.) und Zaubersprüche kommen häufig vor.

Schematische Erzählform, die mündliches Erzählen widerspiegelt:

- dreiteiliger Aufbau:
  - Aufbruch des Helden/der Heldin
  - Bewältigung von Prüfungen mit wunderbaren Begebenheiten (Kampf von Gut und Böse), häufig mit Wiederholungen und Steigerungen (In „Rumpelstilzchen" z.B. muss die Müllerstochter immer mehr Stroh zu Gold spinnen.)
  - gutes Ende
- formelhafte Wendungen wie „Es war einmal …", „Und wenn sie nicht gestorben sind, …" etc.

Steht eine Doppelstunde zur Verfügung, kann man die Schüler nun mithilfe des zweiten Arbeitsblattes ein eigenes Märchen verfassen lassen.
Die Schüler können auch ein bekanntes Märchen als Pantomime einüben und präsentieren.

Interessant für Schüler ist auch, bei einem bekannten Märchen einmal die Rollen von Gut und Böse zu vertauschen oder Märchen aus einer anderen Perspektive zu erzählen, z.B. „Rotkäppchen" aus der Sicht des Wolfes.

Märchen-Mix – Arbeitsblatt 1

Hier sind einige Märchen durcheinandergeraten! Ein „Märchen-Detektiv" ist gefragt.
So lautet der Auftrag für den Detektiv:
Finde heraus, aus welchen sieben Märchen der folgende Text zusammengesetzt ist.
An jeder Stelle, an der ein neues Märchen beginnt, sollst du einen senkrechten Strich ziehen.
Dein Auftraggeber möchte außerdem wissen, wie die Märchen heißen, aus denen der Text besteht.

Es war ein Mann, der hatte drei Söhne, davon hieß der jüngste der Dummling und wurde verachtet und verspottet und bei jeder Gelegenheit zurückgesetzt. Es geschah, dass der älteste in den Wald gehen wollte, Holz hauen, und eh' er ging, gab ihm noch seine Mutter einen schönen feinen Eierkuchen und eine Flasche Wein mit, damit er nicht Hunger und Durst litte. Es geschah aber, dass er zu einem Häuschen kam, um dort zu übernachten. Da sah er auf dem Berg einen gläsernen Sarg, in dem ein wunderschönes Mädchen lag mit langen schwarzen Haaren. Sofort verliebte der Prinz sich unsterblich in dieses Mädchen und bat die Bewacher des Sargs, ihm den Sarg mit dem Mädchen zu überlassen. Die Bewacher zögerten lange – sie wollten sich nicht von dem Mädchen trennen, doch der Prinz bat sie so inständig, dass sie ihm schließlich aus Mitleid den Sarg überließen. Der Königssohn ließ ihn nun von seinen Dienern auf den Schultern forttragen. Da geschah es, dass sie stolperten, und durch die Erschütterung erwachte das Mädchen wieder und der Prinz nahm sie mit auf sein Schloss. Da ging es allerorten herum, besah Stuben und Kammern, wie es Lust hatte, und kam endlich auch an einen alten Turm. Es stieg die enge Wendeltreppe hinauf und gelangte zu einer kleinen Türe. In dem Schloss steckte ein verrosteter Schlüssel, und als es umdrehte, sprang die Türe auf, und saß da in einem kleinen Stübchen eine alte Frau mit einer Spindel und spann emsig ihren Flachs. „Guten Tag, du altes Mütterchen", sprach die Königstochter, „was machst du da?" „Ich spinne", sagte die Alte und nickte mit dem Kopf. „Was ist das für ein Ding, das so lustig herumspringt?", sprach das Mädchen, nahm die Spindel und wollte auch spinnen. Kaum hatte sie aber die Spindel angerührt, so ging der Zauberspruch in Erfüllung, und sie stach sich damit in den Finger. In dem Augenblick aber, wo sie den Stich empfand, fiel sie auf das Bett nieder, das da stand, und lag in einem tiefen Schlaf. Und als es sich nach hundert Jahren in die Höhe richtete und der Königssohn ihm ins Gesicht sah, so erkannte er das schöne Mädchen, das mit ihm getanzt hatte, und rief: „Das ist die rechte Braut."
Die Stiefmutter und die beiden Schwestern erschraken und wurden bleich vor Ärger: Er aber nahm das schöne Mädchen aufs Pferd und ritt mit ihm fort. Als sie an dem Haselbäumchen vorbeikamen, riefen die zwei weißen Täubchen: „Heute back ich, morgen brau ich und übermorgen hol ich mir der Königin ihr Kind!" Das Mädchen vergoss bittere Tränen. Da kroch ein hässlicher Frosch aus dem Brunnenloch und sprach zu ihr: „Was fürchtest du dich, liebes Kind? Bleib bei mir, wenn du alle Arbeit im Hause ordentlich tun willst, so soll dir's gutgehn. Du musst nur achtgeben, dass du mein Bett gut machst und es fleißig aufschüttelst, dass die Federn fliegen." Seitdem schneit es bei uns.

--- *hier umknicken* ---

Lösung:

1. Die goldene Gans (Z. 1–5)
2. Schneewittchen (Z. 5–12)
3. Dornröschen (Z. 12–22)
4. Aschenputtel (Z. 23–27)
5. Rumpelstilzchen (Z. 27–28)
6. Froschkönig (Z. 28–29)
7. Frau Holle (Z. 29–32)

Märchen schreiben – Arbeitsblatt 2

Jetzt kannst du selbst ein Märchen schreiben.
Gehe dabei folgendermaßen vor:

1. Suche dir aus jeder der Schatztruhen ein Element aus und gestalte damit ein Märchen:

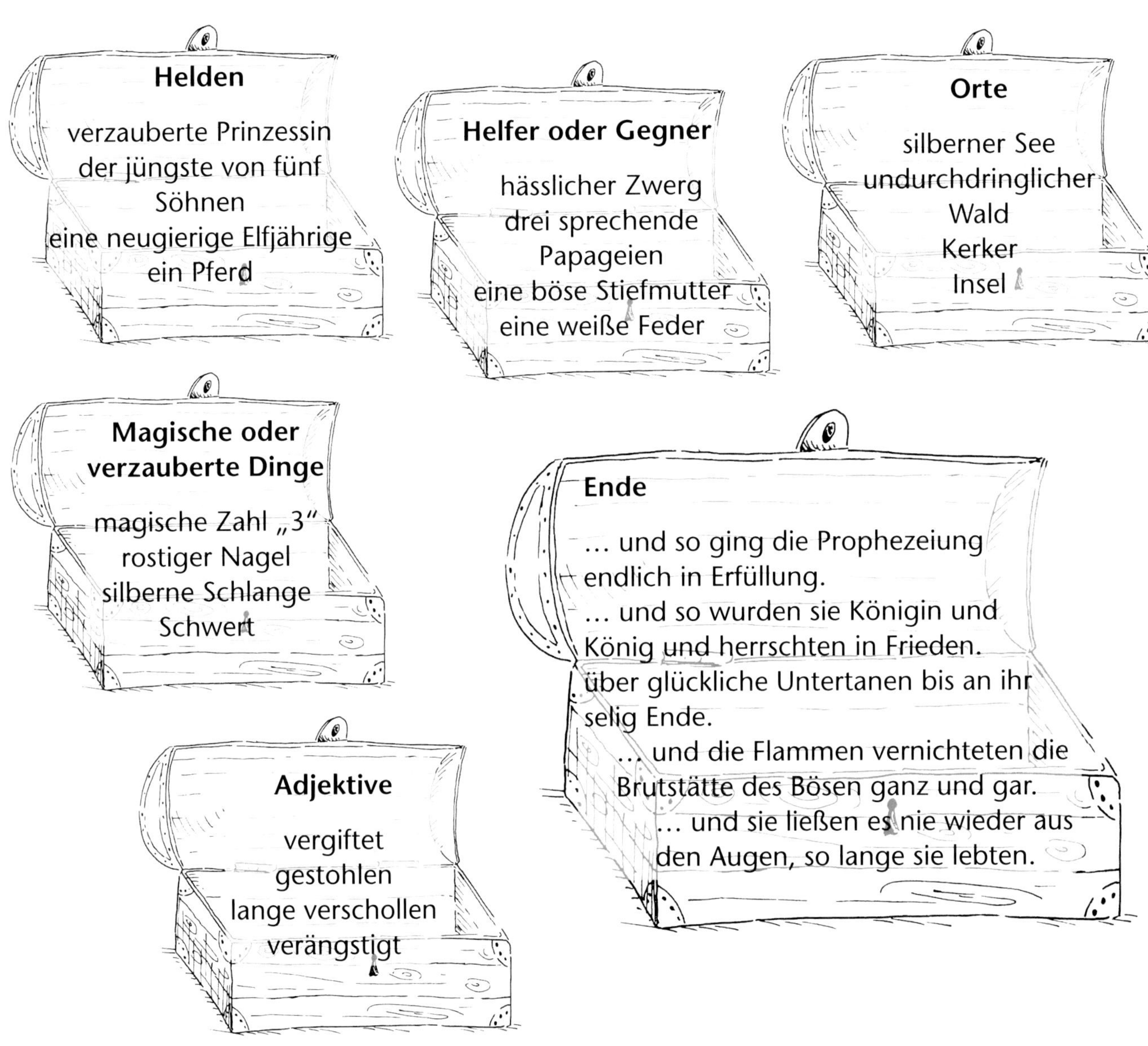

2. Beachte folgende Hinweise zum Aufbau:
   - Denke an die „Spannungsmaus".
   - Fertige einen Schreibplan an. Male hierfür die „Spannungsmaus" auf ein Blatt und trage die wichtigsten Stationen deines Märchens in Stichworten darin ein.
   - Füge einen Absatz ein, wenn ein neuer Erzählabschnitt beginnt.
   - Finde eine treffende Überschrift, die das Interesse des Lesers weckt.

3. Beachte folgende Hinweise zur Sprache:
   - Schreibe im Präteritum.
   - Verwende wörtliche Rede.
   - Verwende Wörter und Begriffe, die dein Märchen spannend, lustig und unterhaltsam machen, z. B. treffende Adjektive, anschauliche Vergleiche etc.

Zu guter Letzt: Lies dir dein Märchen noch einmal durch und verbessere alle Fehler, die dir auffallen!

Fabeln erschließen und selbst verfassen

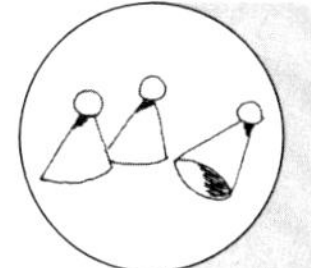

6.–7. Klasse

45–90 min

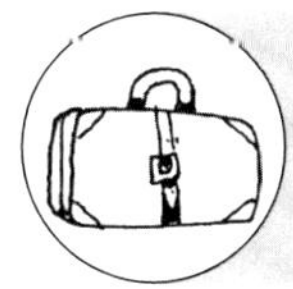

Arbeitsblätter, Schülerheft

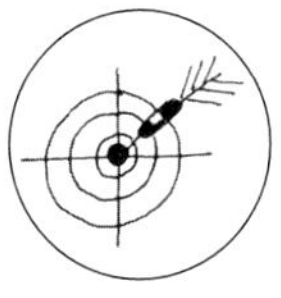

Vertrautwerden mit der epischen Kleinform Fabel, kreative Umsetzung der erworbenen Kenntnisse

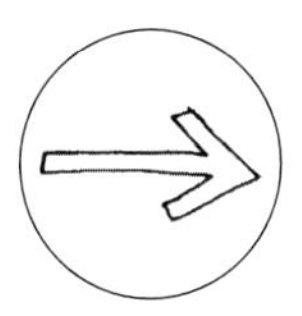

Arbeitsblätter kopieren

Zum Stundeneinstieg zeichnet der Lehrer ein typisches Fabeltier, z. B. einen Fuchs, an die Tafel und befragt die Klasse nach „Eigenschaften" dieses Tiers, um so zum Stundenthema „Fabel" überzuleiten und zur Tatsache, dass in einer Fabel Tiere die Hauptrolle spielen.
Die Schüler erhalten nun das Arbeitsblatt 1 zur Bearbeitung in Stillarbeit. Nach der Besprechung der Ergebnisse im Plenum werden die Merkmale der Fabel mithilfe der rekonstruierten Fabeln des Arbeitsblattes erarbeitet und im Tafelbild festgehalten. (Handelnde = Tiere, die menschliche Charaktereigenschaften besitzen; dreigegliederter Aufbau in: Situation, Dialogteil, Lehre oder Lehre; Handlung zum Aufzeigen menschlicher Schwächen oder bestehender Zustände, um Kritik an Gesellschaft zu üben; explizite Lehre oder Moral als Handlungsanleitung/Warnung für den Leser)
Steht eine Doppelstunde zur Verfügung, werden die Schüler aufgefordert, ihre Kenntnisse über Fabeln aktiv anzuwenden und selbst eine Fabel zu schreiben. Als Hilfe kann das Arbeitsblatt 2 dienen. Der Lehrer kann aber auch zusammen mit der Klasse die Schreibhilfen erarbeiten und an der Tafel festhalten: Zunächst bietet es sich an, eine Liste mit möglichen Lehren zu erstellen, dann Tiere und deren typische „Eigenschaften" zu notieren. Sinnvoll ist auch, mit den Schülern bestimmte Probleme, mit denen sich die Handlung beschäftigen soll, zu erarbeiten (z. B. Neid, Gier, Übermut).

Weitere kreative Ansätze wären, die Schüler eine Fabel als szenisches Spiel aufführen zu lassen. Dafür sollte man ihnen folgenden Spielplan an die Hand geben:

Einteilung in Spielszenen	Inhalt in Stichpunkten	Sprecher (Betonung)	Tier 1 (Bewegungen)	Tier 1 (Aussagen mit welcher Betonung?)	Tier 2 (Bewegungen)	Tier 2 (Aussagen mit welcher Betonung?)
1.						
…						

Auch die Erarbeitung eines Schattenspiels bietet sich an. Dafür sollte man den Schülern folgenden Spielplan an die Hand geben:

Einteilung in Spielszenen	Inhalt in Stichpunkten	Welche Figuren und Gegenstände brauchen wir?	Hintergrund	Text (Sprecher und Tiere)	Bewegungen der Tiere (= Regieanweisung)
1.					
…					

Fabeln erschließen – Arbeitsblatt 1

In Fabeln spielen Tiere die Hauptrolle. In den folgenden zwei Fabeln sind die Tiere durch Symbole ersetzt.

- Finde heraus, um welche Tiere es sich handelt und trage sie in die unten stehende Tabelle ein.
- Schreibe auch eine passende Lehre zu jeder Fabel.
- Vergleiche am Ende deine Ergebnisse mit den Lösungen.
- Bevor du zu arbeiten beginnst, falte das Arbeitsblatt an der markierten Linie und knicke die Lösungen nach hinten um.

Fabel 1

Ein ▲ hatte einen Käse gestohlen und setzte sich auf einen hohen Baum und wollte ihn verzehren. Da er aber seiner Art nach nicht schweigen kann, wenn er isst, hört ihn ein ✿ über den Käse sprechen und lief zu ihm und sprach: „O ▲, nun hab ich mein Lebtag kein schöneres Tier als dich gesehen. Und wenn du auch so eine schöne Stimme hättest zu singen, so sollte man dich zum König krönen über alle Tiere.
Dem ▲ gefiel das Lob und die Schmeicheleien, er fing an, seinen schönen Gesang hören zu lassen, und als er den Mund auftat, entfiel ihm der Käse. Den nahm der ✿, fraß ihn und lachte den ▲ aus.

(nach Martin Luther)

Lehre: ______________________________

____

____

Fabel 2

◆, ✿ und ♣ jagten miteinander und fingen ♥. Da befahl ◆ ♣, die Beute zu teilen. ♣ machte drei Teile, darüber war ◆ zornig und riss ♣ die Haut über dem Kopf weg, sodass er blutüberströmt dastand. Und er befahl ✿, die Beute zu teilen. ✿ legte die drei Teile wieder zusammen und gab sie ◆ ganz und gar. Da lachte ◆ und sprach: „Wer hat dir beigebracht, so zu teilen?" ✿ zeigte auf ♣ und sprach: „Der Doktor da mit dem roten Hut."

(nach Martin Luther)

Lehre: ______________________________

____

____

▲	✿	◆	♣	♥

---------- *hier umknicken* ----------

Lösungen:

▲	✿	◆	♣	♥
Rabe	Fuchs	Löwe	Esel	Hirsch

Fabel 1: Hüte dich vor Schmeichlern!

Fabel 2: Diese Fabel beinhaltet zwei Lehren: Die erste: Der Überlegene will stets einen Vorteil haben und man sollte ihm diesen besser nicht streitig machen. Die zweite: Wer aus dem Unglück eines anderen eine Lehre ziehen kann, ist weise.

Fabeln selbst verfassen – Arbeitsblatt 2

1. Wähle eine Lehre / ein Sprichwort, die / das deine Fabel verdeutlichen soll:

Wer andern eine Grube gräbt, fällt selbst hinein.
Wer nicht wagt, der nicht gewinnt.
Ein Unglück kommt selten allein.
Gefräßigkeit findet immer eine Ausrede.
Hochmut kommt vor dem Fall.
Schmück dich nicht mit fremden Federn.
Auf das Ehrenwort eines Mächtigen kannst du nicht vertrauen.

2. Suche dir zwei Tiere aus, die in deiner Fabel mitspielen sollen.
   Notiere hinter jedem Tier zwei typische Eigenschaften.

3. Bestimme ein Problem, mit dem sich die Handlung beschäftigen soll:

Faulheit Neid
Gier Gefräßigkeit …

4. Mache dir Stichpunkte zum Verlauf der Handlung.

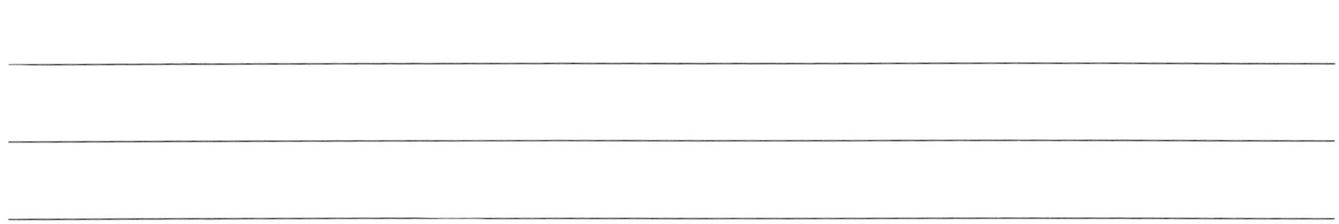

5. Finde einen passenden Titel und du kannst loslegen!

Fabeln in einen Comic umsetzen

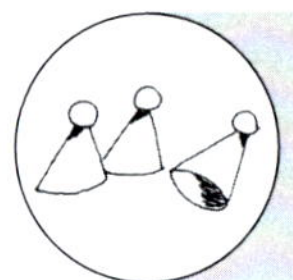

6.–7. Klasse

45–90 min

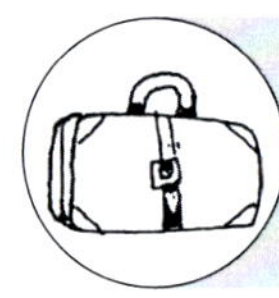

Arbeitsblatt, Papier

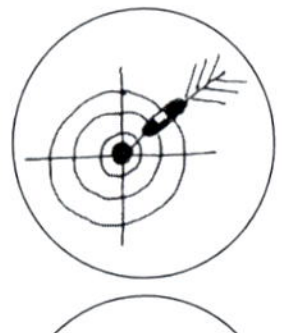

Vertrautwerden mit der epischen Kleinform Fabel, kreative Umsetzung der erworbenen Kenntnisse

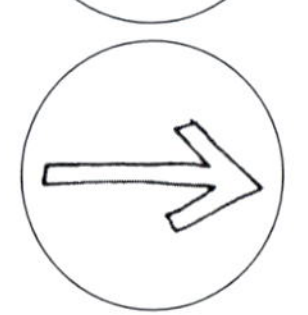

Arbeitsblätter kopieren

Zu Beginn der Stunde zeichnet der Lehrer eine Comic-Sprechblase entweder mit comictypischen Zeichen oder mit einer kurzen Aussage an die Tafel, um die Schüler auf das Thema der Stunde einzustimmen.
Ausgehend von der Comic-Sprechblase wird im Unterrichtsgespräch ein Tafelbild zum Thema „Comic" und seinen spezifischen Eigenschaften erarbeitet.

Vorschlag für ein Tafelbild:
Comics

<u>Definition:</u> urspr. Bezeichnung comic-strips,
Comics = Bilderfolgen, erst später Entwicklung zu comic-books
<u>Beispiele:</u> Asterix und Obelix, Tim und Struppi, Lucky Luke, Garfield, Snoopy, Tom und Jerry, Donald Duck
<u>Bestandteile:</u> Zeichnungen, Bilder
Sprechblasen- und Denkblasentexte
Erzähltexte
<u>Comicspezifische Sprache:</u> einfach gebaute, kurze Sätze
knappe Formulierungen
Geräuschwörter wie *schluchz! grrrhh!* etc.
Verwendung sonstiger Zeichen wie ✂✷☠

Nun kann der Lehrer ausgehend von der Thematisierung des Comics „Tom und Jerry" und der Beschreibung des Verhältnisses zwischen Tom und Jerry und ihrer jeweiligen Eigenschaften auf die epische Kleinform Fabel zu sprechen kommen und das Vorwissen der Schüler aktivieren (siehe auch „Fabeln erschließen und selbst verfassen"). Nach dieser Phase erhalten die Schüler das Arbeitsblatt, mit dessen Hilfe sie einen Comicstrip zu einer Fabel entwerfen sollen. Die Ergebnisse werden gegen Stundenende im Plenum präsentiert.

Schüler, die wenig Zugang zu Comics haben, können die Fabel auch in Bildern in der Tradition des Bänkelsangs malen.

Steht eine Doppelstunde zur Verfügung, kann auch zunächst zu einer Episode aus „Tom und Jerry" eine Fabel verfasst werden.

Fabeln in einen Comic umsetzen

Der Löwe und die Maus

Ein Löwe lag im Schatten eines Baumes und schlief. Einige Mäuse liefen neugierig zu ihm hin, und weil sich das schlafende, mächtige Tier nicht bewegte, hüpfte eine der Mäuse zwischen seine Pranken. Da wurden auch die anderen mutig, und bald tanzten alle Mäuse auf dem schlafenden König der Tiere.
Die tanzenden Mäuse auf seinem Körper aber weckten den Löwen auf, er schüttelte sich unwillig und fing eine von ihnen mit seiner Pranke. Es war jene Maus, die sich als Erste zu ihm gewagt hatte. Nun, unter der gewaltigen Pranke des Löwen zitterte die Maus wohl vor Furcht, versuchte aber, es nicht zu zeigen, und rief: „Ich bitte dich, schone mein Leben! Ich will es dir mit einem Gegendienst vergelten!" Der Löwe hob verdutzt seine Pranke und musste wider Willen über die dreiste Rede des kleinen Tierchens lachen und ließ es laufen.
Einige Zeit später geriet der Löwe in eine Falle. Es war aber nicht fern jener Stelle, wo die Maus in ihrem Erdloch lebte. Als sie den Löwen hilflos in den Netzen der Jäger sah, lief sie zu ihm und nagte mit ihren spitzen Zähnen eine Schlinge entzwei. Dadurch lösten sich die anderen Knoten, und der Löwe konnte das Netz zerreißen und war wieder frei.
Keiner ist so schwach, dass er nicht auch einmal einem Starken helfen könnte.

(Aesop)

Versuche, diese Fabel vom Löwen und der Maus in einen Comic umzuformen. Verwende dabei alle comicspezifischen Elemente: Zeichnungen, Sprechblasen, Denkblasen, Geräuschwörter, Erzähltexte in eckigen Kästchen und sonstige Zeichen.

Bevor du aber damit beginnst, überlege dir:

1. Wie viele Bilder willst du zeichnen?

- 1. Bild: ____________________
- 2. Bild: ____________________
- 3. Bild: ____________________
- 4. Bild: ____________________
- ____________________
- ____________________

2. Welchen Text willst du in Denk- oder Sprechblasen schreiben?
3. Fallen dir auch passende Geräuschwörter ein?

   schnarchender Löwe: ____________________

   Lachen des Löwen: ____________________

4. Welche Stellen des Textes möchtest du als Erzähltext in eckigen Kästchen unterbringen? Unterstreiche diese Stellen im Text.

Balladenanalyse und szenischer Vortrag/Hörspiel

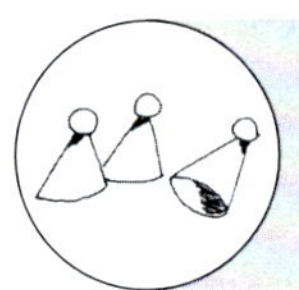

5.–8. Klasse

45–90 min

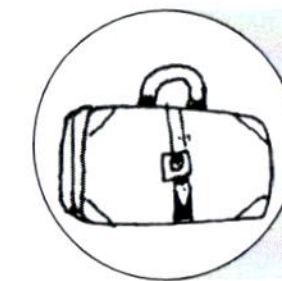

Arbeitsblätter, evtl. CD mit Gedichtvortrag von Heinrich Heines „Belsazar", evtl. Folie mit dem Gemälde „Das Gastmahl des Belsazar" von Rembrandt van Rijn

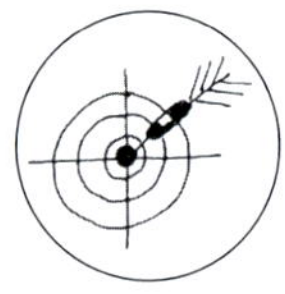

Auseinandersetzung mit Balladen

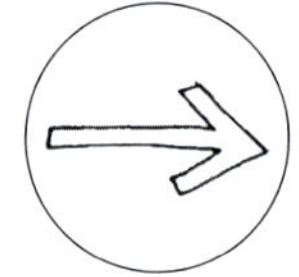

Arbeitsblätter kopieren, evtl. CD mit Gedichtvortrag von Heinrich Heines „Belsazar", evtl. Folie mit dem Gemälde „Das Gastmahl des Belsazar" von Rembrandt van Rijn

Als Einstieg kann das Gemälde „Das Gastmahl des Belsazar" von Rembrandt van Rijn (z. B. unter: http://upload.wikimedia.org/wikipedia/commons/thumb/0/0e/Rembrandt-Belsazar.jpg/350px-Rembrandt-Belsazar.jpg) an die Wand projiziert und die dargestellte Szene beschrieben werden. Alternativ kann auch der Name „Belsazar" als Impuls an die Tafel geschrieben werden und die Schüler äußern ihre Assoziationen. Dann wird die Ballade „Belsazar" von Heinrich Heine gelesen und der Bezug zum Gemälde angesprochen, indem die Schüler nennen sollen, welcher Augenblick der Ballade dem Gemälde entspricht, und Unterschiede und Gemeinsamkeiten von Text und Bild thematisiert werden. Mithilfe der Arbeitsblätter werden nun sowohl Inhalt, Spannungsaufbau als auch die typischen Elemente einer Ballade erarbeitet und im Plenum besprochen.

Falls eine Doppelstunde zur Verfügung steht, kann man die Schüler in Gruppen auch ein Hörspiel oder einen szenischen Vortrag gestalten lassen. Dazu sollte man den Schülern ein Arbeitsblatt mit Hilfestellungen an die Hand geben oder entsprechende Tipps an der Tafel festhalten.
Sinnvoll ist es auch, den Schülern einen Vortrag der Ballade von CD vorzuspielen, damit sie bereits einmal einen wirkungsvollen Vortrag gehört haben, bevor sie ihre eigenen Ideen für ein Hörspiel oder einen Vortrag umsetzen.

Es bietet sich auch an, die Ballade mit dem Bibeltext (Daniel 5,1–6,1) zu vergleichen und Unterschiede in Textart, Inhalt, Sprache und Wirkung zu erarbeiten.

Heinrich Heine: „Belsazar" – Balladenanalyse

Die Mitternacht zog näher schon;
In stummer Ruh lag Babylon.

Nur oben in des Königs Schloss,
Da flackert's, da lärmt des Königs Tross.

Dort oben in dem Königssaal,
Belsazar hielt sein Königsmahl.

Die Knechte saßen in schimmernden Reihn,
Und leerten die Becher mit funkelndem Wein.

Es klirrten die Becher, es jauchzten die Knecht;
So klang es dem störrigen Könige recht.

Des Königs Wangen leuchten Glut;
Im Wein erwuchs ihm kecker Mut.

Und blindlings reißt der Mut ihn fort;
Und er lästert die Gottheit mit sündigem Wort.

Und er brüstet sich frech, und lästert wild;
Die Knechtenschar ihm Beifall brüllt.

Der König rief mit stolzem Blick;
Der Diener eilt und kehrt zurück.

Er trug viel gülden Gerät auf dem Haupt;
Das war aus dem Tempel Jehovas' geraubt.

Und der König ergriff mit frevler Hand
Einen heiligen Becher, gefüllt bis am Rand.

Und er leert ihn hastig bis auf den Grund,
Und rufet laut mit schäumendem Mund:

„Jehova! dir künd ich auf ewig Hohn -
Ich bin der König von Babylon!"

Doch kaum das grause Wort verklang,
Dem König ward's heimlich im Busen bang.

Das gellende Lachen verstummte zumal;
Es wurde leichenstill im Saal.

Und sieh! und sieh! an weißer Wand
Da kam's hervor wie Menschenhand;

Und schrieb, und schrieb an weißer Wand
Buchstaben von Feuer, und schrieb und schwand.

Der König stieren Blicks da saß,
Mit schlotternden Knien und totenblass.

Die Knechtenschar saß kalt durchgraut,
Und saß gar still, gab keinen Laut.

Die Magier kamen, doch keiner verstand
Zu deuten die Flammenschrift an der Wand.

Belsazar ward aber in selbiger Nacht
Von seinen Knechten umgebracht.

Ballade

Das Wort Ballade kommt von ital. „ballata" bzw. vom provenzalischen Wort „balada" und bedeutet Tanzlied. Die Gedichte, die man heute als Balladen bezeichnet, haben aber mit diesen mittelalterlichen Tanzliedern nichts mehr zu tun.
Goethe bezeichnete die Ballade als „Urei der Dichtung", weil in der Ballade die drei Elemente der Dichtung – Epik, Dramatik und Lyrik – verbunden sind.

1. Epische Elemente

Viele Balladen beruhen auf Sagen, historischen Ereignissen oder Legenden. „Belsazar" geht auf einen Text aus dem Alten Testament zurück (Daniel 5,1 – 6,1).
In Balladen werden handlungsreiche Geschichten erzählt, die häufig von einem Erzähler in Er-Form berichtet werden.

a) Markiere in der Ballade „Belsazar" den Text des Erzählers.

b) Erzähle die Ballade in wenigen Worten nach.

___

___

___

___

Heinrich Heine: „Belsazar“ – Balladenanalyse

2. Dramatische Elemente

Charakteristisch für Balladen ist, dass oft von Menschen erzählt wird, die sich in dramatischen, gefährlichen Situationen befinden. Oft findet man auch direkte Rede und spannungssteigernde Momente, die Balladen in die Nähe von Theaterstücken rücken.

a) Unterstreiche die direkte Rede in der Ballade.

b) Beschreibe die Situation Belsazars.

c) Charakterisiere Belsazar in einigen Sätzen. Belege deine Aussagen mit Textstellen.

d) Trage den Handlungsverlauf der Ballade in Stichpunkten unter der Spannungskurve ein.

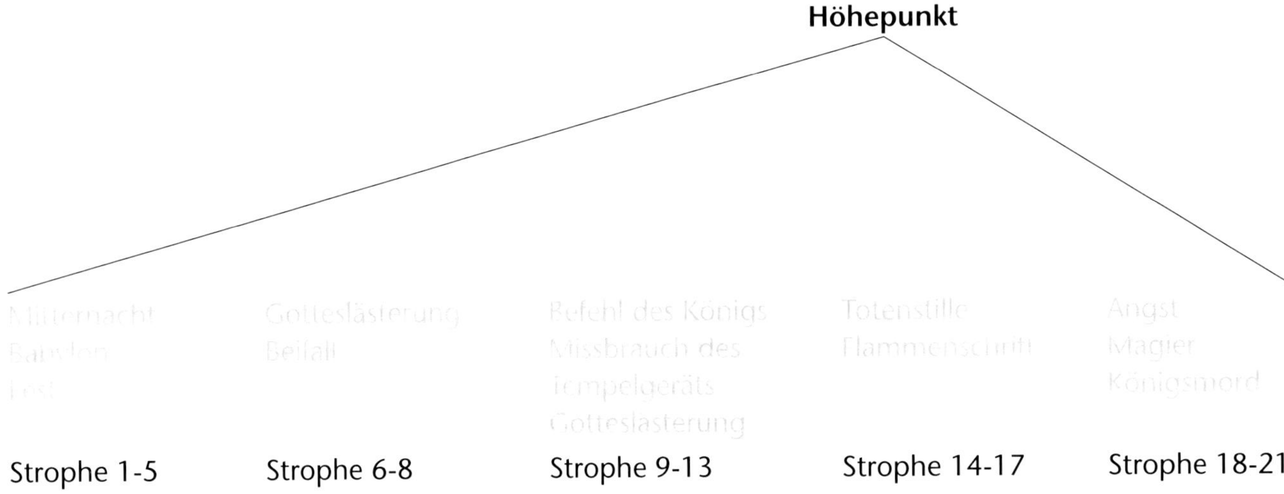

3. Lyrische Elemente

Balladen haben immer eine gebundene Form, d.h. sie haben ein festes Metrum, sind in Strophen gegliedert und besitzen einen Reim.

a) Nenne das Reimschema der Ballade.

b) Bestimme das Metrum.

Heinrich Heine: „Belsazar" – Szenischer Vortrag/Hörspiel

Hört euch die Vertonung der Ballade „Belsazar" von Heinrich Heine an.
Notiert zunächst, wie der Sprecher den einzelnen Rollen der Ballade gerecht wird.

Rolle	*Darstellung durch den Sprecher*

Bildet nun Zweiergruppen und verteilt die Rollen.
Überlegt euch, wie ihr euren szenischen Vortrag / euer Hörspiel gestalten könnt.

Name	*Rolle*	*Art der Darstellung*	*Textstelle*	*Requisiten*

Umgang mit Anekdoten

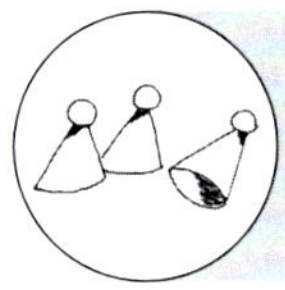

7. Klasse

45–90 min

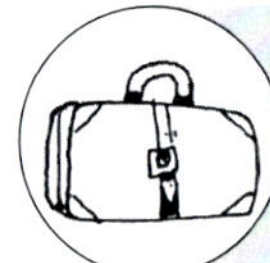

Arbeitsblatt, Schülerheft

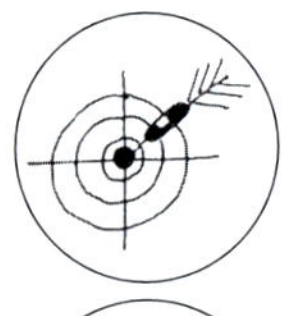

Vertrautwerden mit der epischen Kleinform Anekdote, kreative Umsetzung der erworbenen Kenntnisse

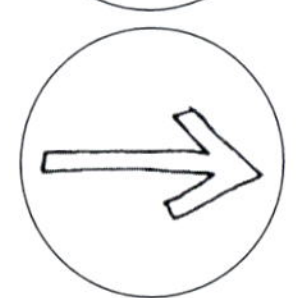

Arbeitsblätter kopieren

Die Stunde beginnt der Lehrer mit dem Zitat „Wer kann, der kann!" und fragt nach der Bedeutung dieser Aussage und nach Situationen, in denen dieser Ausspruch verwendet wird.
Dann erfolgt die Textbegegnung mit der Anekdote über Ludwig I. von Bayern. Im folgenden Unterrichtsgespräch wird zunächst der Inhalt geklärt, dann werden die charakteristischen Merkmale von Anekdoten in Partnerarbeit anhand dieser Anekdote erarbeitet und evtl. im Tafelbild festgehalten.

Vorschlag für ein Tafelbild:
Die Anekdote
(v. gr. an-ekdoton = nicht herausgegeben, nicht veröffentlicht)
- historische / bekannte Persönlichkeit oder Ereignis im Mittelpunkt
- Charakterisierung bestimmter Eigenschaften oder Eigenarten dieser Persönlichkeit oder dieses Ereignisses
- dreigliedriger Aufbau: Einleitung = Vorstellung der Person / des Ereignisses – Hauptteil = Schilderung der Begebenheit, häufig im Dialog – Schluss = heitere Pointe

Die Italiener sagen, wenn sie solche Geschichten hören: „Wenn es nicht wahr ist, so ist es doch gut erfunden!" Die Schüler sollten sich darüber austauschen, ob es wichtig ist oder nicht, dass die Ereignisse, die in Anekdoten geschildert werden, auch tatsächlich stattgefunden haben. In diesem Zusammenhang kann angesprochen werden, weshalb auch erfundene Geschichten über Personen erzählt werden.
Nun erhalten die Schüler den Auftrag, zu den Anekdoten auf dem Arbeitsblatt jeweils einen kurzen, witzigen Schlusssatz in Partnerarbeit zu formulieren.
In der Endphase der Stunde werden die verschiedenen Pointen vorgetragen und mit den tatsächlichen Pointen verglichen.
(**Anekdote 2:** „Das Gewitter bitte noch einmal; einer der Herren hat seinen Regenschirm verloren."
Anekdote 3: „Entschuldige, liebe Emilie", antwortete Fontane, „es war so dunkel in der Speisekammer, dass ich die eine übersehen habe.")

Steht eine Doppelstunde zur Verfügung, erhalten die Schüler Gelegenheit, eine der Anekdoten mithilfe der Anweisungen auf dem Arbeitsblatt als szenische Darstellung auszuarbeiten und dann zu präsentieren.

Anstelle der Ausarbeitung einer szenischen Darstellung können die Schüler auch selbst eine Anekdote zu einem Ereignis oder einer Person aus ihrem Familien- oder Freundeskreis oder dem Schulalltag verfassen.

Verschiedene Anekdoten

Anekdote 1

Unter Ludwig I. von Bayern lebte in München der bekannte Pferdehändler und Fuhrunternehmer Franz Xaver Krenkl. Eines Tages fuhr er im Englischen Garten mit einem prachtvollen Gespann und überholte dabei, trotz des damals bestehenden Vorfahrtverbots, den Wagen, in dem der König seine Nachmittagsspazierfahrt machte. „Krenkl, das Vorfahren ist verboten!", rief ihm Ludwig zu. Krenkl drehte sich unbeirrt um, grüßte mit der Peitsche und rief zurück: „Wer ko, der ko!" (Wer kann, der kann!) Einige Wochen später, am Oktoberfestsonntag, geriet Krenkl mit seinem neuen Gespann hinter das Militärspalier, das den Weg für die Auffahrt des Hofes freihielt. Wohl oder übel musste er mit den ungeduldig stampfenden Rossen warten. Als der Wagen des Königs endlich herankam, bemerkte Ludwig schon von Weitem Krenkls peinliche Lage. „Nicht wahr, Krenkl", rief er ihm lustig zu, „wer ko, der ko!"

1. Erarbeite mit deinem Partner anhand dieser Anekdote über Ludwig I. von Bayern die typischen Merkmale einer Anekdote!
2. Lies die beiden folgenden Anekdoten und formuliere jeweils einen kurzen, witzigen Schlusssatz!

Anekdote 2

Richard Strauss, der Komponist und Dirigent, probte seine Alpensinfonie. Bei den wilden Geigenpassagen im Abschnitt „Gewitter und Sturm" entfiel plötzlich einem Geiger der Bogen. Strauss klopfte ab und bemerkte:

„____

____"

Anekdote 3

Theodor Fontane arbeitete viele Jahre hindurch als Theaterkritiker und hatte die Gewohnheit, nach der Rückkehr von der Theatervorstellung noch eine Kleinigkeit zu essen. Damit war seine Gattin Emilie nicht einverstanden, weil sie meinte, es sei ungesund, kurz vor dem Schlafengehen noch zu essen. Da sie meist seine Ankunft nicht abwartete, sondern früher zu Bett ging, zog sie einfach den Schlüssel zur Speisekammer ab, und Theodor hatte dann das Nachsehen. Einmal vergaß sie diese Gewohnheit, und daher musste Emilie am nächsten Morgen misstrauisch fragen: „Warst du gestern Nacht noch in der Speisekammer? Meines Wissens hatte ich vier Scheiben Wurst aufgehoben, heute sehe ich nur noch eine."
„Entschuldige, liebe Emilie", antwortete Fontane,

____

____"

Bereitet eine der Anekdoten als szenische Darstellung vor!

- Teilt euch in Gruppen auf und wählt eine Anekdote aus.
- Bereitet das Spiel vor und achtet dabei vor allem auf folgende Punkte:
  - Sind die Dialoge knapp und treffend?
  - Ist die Pointe getroffen?
- Übt eure Szene mehrmals in der Gruppe.
- Spielt eure Szene allen vor.

Mittelhochdeutsch: „Dû bist mîn, ich bin dîn“; Neidhart „Sommerlied“

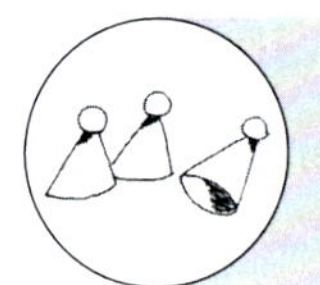
7. Klasse

45 min

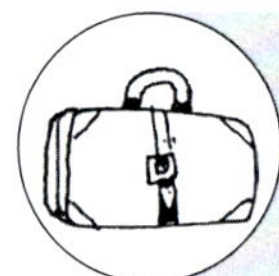
Schülerheft, Arbeitsblatt

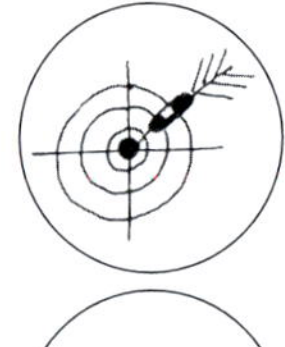
Vertrautwerden mit Stoffen des Mittelalters, Lesen und Verstehen mittelhochdeutscher Texte

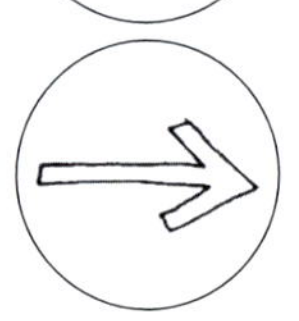
Arbeitsblatt kopieren

Am Stundenbeginn trägt der Lehrer folgendes Gedicht vor: Dû bist mîn, ich bin dîn:

Dû bist mîn, ich bin dîn.
des solt dû gewis sîn.
dû bist beslozzen
in mînem herzen,
verlorn ist daz slüzzelîn:
dû muost ouch immêr darinne sîn.

Nun raten die Schüler, um welche Sprachstufe des Deutschen es sich handelt, und versuchen, das Gedicht ins Neuhochdeutsche zu übertragen.

Anschließend werden die Beobachtungen der Schüler im Tafelbild systematisiert. Der Lehrer notiert die mittelhochdeutschen Beispielsätze an der Tafel und die Schüler finden die neuhochdeutsche Übersetzung und benennen die Phänomene des Lautwandels.

Vorschlag für ein Tafelbild:
Lautwandel vom Mittelhochdeutschen zum Neuhochdeutschen

a) Diphthongierung (einiger lang gesprochener Vokale)
mîn niuwes hûs → mein neues Haus   brûne und blâwe → braun und blau

b) Monophthongierung (einiger mittelhochdeutscher Diphthonge)
liebe guote brüeder → liebe gute Brüder   diu süezen bluomen → die süßen Blumen

c) Dehnung in offener Tonsilbe
klage → Klage   elende → elend   vogel → Vogel

Wie man mittelhochdeutsche Texte liest:
a) Vokale mit einem **accent circonflexe** werden gedehnt gelesen: mhd. mîn
b) Die Diphthonge **ie**, **ei**, und **ou** werden einzeln gelesen (wie im Bayrischen): mhd. **lie**b
c) **zz** wird wie **ss** gesprochen: mhd. wa**zz**er

Nun erhalten die Schüler das Arbeitsblatt und wenden die erworbenen Kenntnisse an. Zunächst wird das Gedicht laut vorgetragen, um die Unterschiede zum Neuhochdeutschen nochmals zu verdeutlichen. Dann bearbeiten die Schüler die Arbeitsaufträge in Still- und Partnerarbeit, bevor die Ergebnisse im Plenum besprochen werden.

Gut geeignet für eine Übersetzung sind auch die ersten beiden Strophen des Nibelungenliedes.

Neidhart v. Reuental: „Sommerlied“

I Ûf dem berge und in dem tal
hebt sich aber der vogele schal;
hiure als ê
gruonet klê.
rûme ez, winter, dû toust wê!

II Die boume, die dâ stuonden grîs,
die habent alle ir niuwez rîs
vogele vol:
daz tuot wol.
da von nimt der meie den zol.

(Anmerkung: Strophe 2, Z. 5 = nhd. „Davon nimmt der Mai den Zoll.“ = „Dafür verdient der Mai großes Lob.“)

1. Lies den Text laut. Achte dabei vor allem auf die korrekte Aussprache des Mittelhochdeutschen.
2. Welche Beispiele für die eben betrachteten Lautveränderungen vom Mittel- zum Neuhochdeutschen kannst du im Text erkennen? Schreibe sie auf.

3. Versuche, den Text ins Neuhochdeutsche zu übersetzen.

Assessment-Center für Reporter (Beschreiben)

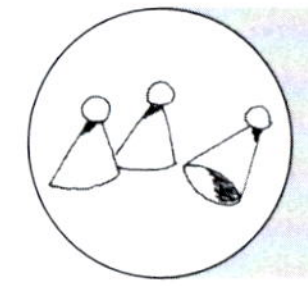

5.–7. Klasse

45 min

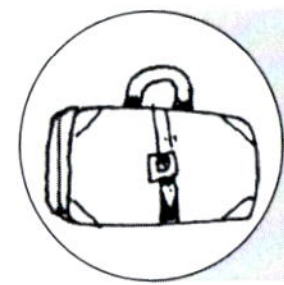

Video, Fernsehgerät, Arbeitsblatt, Begriffskarten

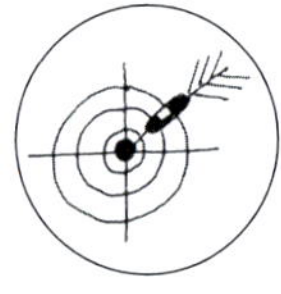

Trainieren der Sprachgewandtheit und Sprachflüssigkeit

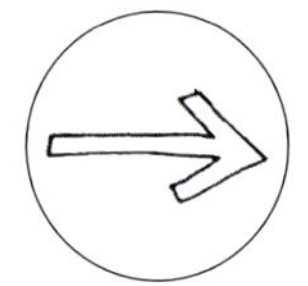

Arbeitsblatt kopieren, Videos aufzeichnen, Fernsehgerät bereitstellen, Begriffskarten

Zu Beginn der Stunde kündigt der Lehrer das Thema der Stunde an, indem er vorgibt, den besten Reporter der Klasse ermitteln zu wollen. Dafür werden verschiedene Tests durchgeführt. Zunächst soll jeder die Fähigkeit trainieren, genau zu beschreiben. Dafür bilden immer zwei Schüler ein Team und bearbeiten das Arbeitsblatt mit den Zeichnungen, die sich die Schüler gegenseitig beschreiben und die sie nach der jeweiligen Beschreibung ihres Mitschülers zeichnen.
Haben die Schüler diese Vorübung absolviert, präsentiert die Lehrkraft Videoaufzeichnungen (am sinnvollsten Szenen aus Spielfilmen mit viel Handlung) ohne Ton. Ein Schüler kommt nach vorne und kommentiert sozusagen als Reporter das Geschehen der jeweiligen Szene, die die Mitschüler gleichzeitig am Bildschirm verfolgen. Der Reporter muss das Geschehen im Video möglichst genau beschreiben. Nach kurzer Zeit fungiert ein anderer Schüler als Reporter usw. Am Ende bestimmt die Klasse, welche Reporter am treffendsten die Ereignisse beschrieben haben. Diese Schüler treten in einer weiteren Runde gegeneinander an, um den definitiv besten Reporter zu ermitteln:
Die ausgewählten Reporter kommen vor die Klasse und müssen ihren Mitschülern nur mit Adjektiven eine Sache beschreiben (siehe Begriffskarten zum Beschreiben). Wenn die Klasse innerhalb einer Minute den beschriebenen Begriff errät, erhält der Reporter einen Punkt. Gewonnen hat der Reporter, der die meisten Punkte erzielt hat.

Ist die Klasse sehr groß, kann man auch kleinere Teams bilden, die den jeweils besten Reporter ermitteln.

Man kann die Schüler auch die Begriffe abwechselnd mit Adjektiven beschreiben und / oder an die Tafel zeichnen lassen (vor allem in fünften Klassen).

Assessment-Center für Reporter (Beschreiben)

Heute erfahrt ihr, ob ihr treffend beschreiben könnt. Jeder von euch hat ein Raster mit drei verschiedenen Mustern. Beschreibt eurem Partner ganz genau, was sich in euren Feldern befindet, sodass er es auf seinem Arbeitsblatt einzeichnen kann. Anschließend malst du in die leeren Felder die Muster, die dir dein Partner beschreibt. Wer von euch beiden hat genauer beschrieben?

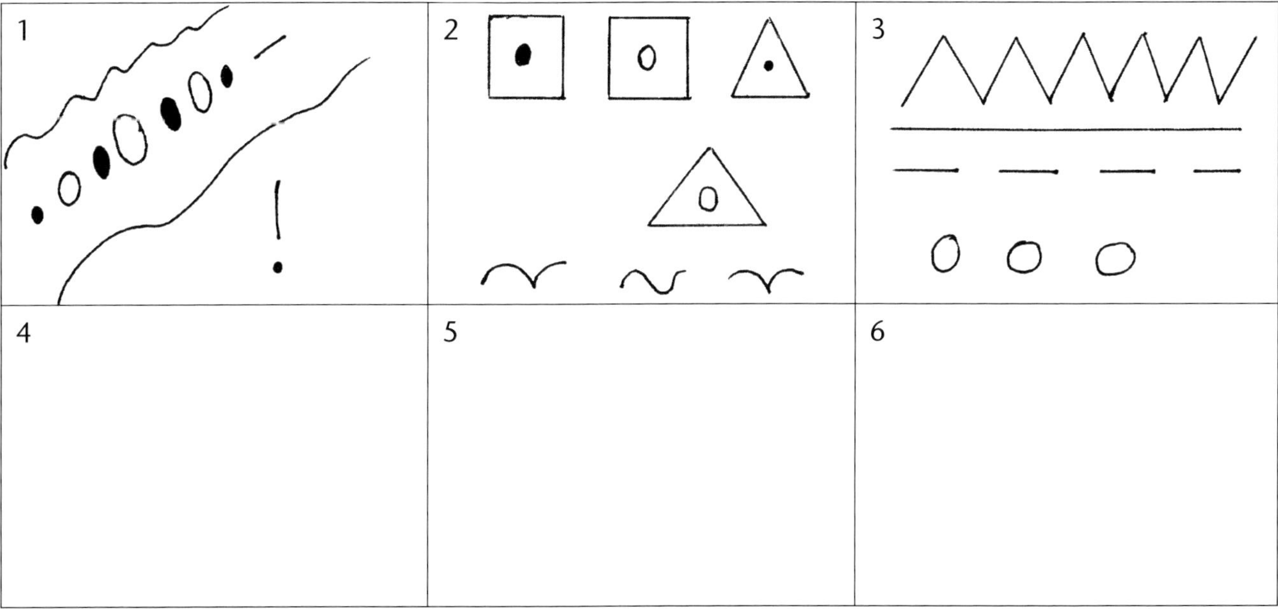

hier umknicken

Heute erfahrt ihr, ob ihr treffend beschreiben könnt. Jeder von euch hat ein Raster mit drei verschiedenen Mustern. Beschreibt eurem Partner ganz genau, was sich in euren Feldern befindet, sodass er es auf seinem Arbeitsblatt einzeichnen kann. Anschließend malst du in die leeren Felder die Muster, die dir dein Partner beschreibt. Wer von euch beiden hat genauer beschrieben?

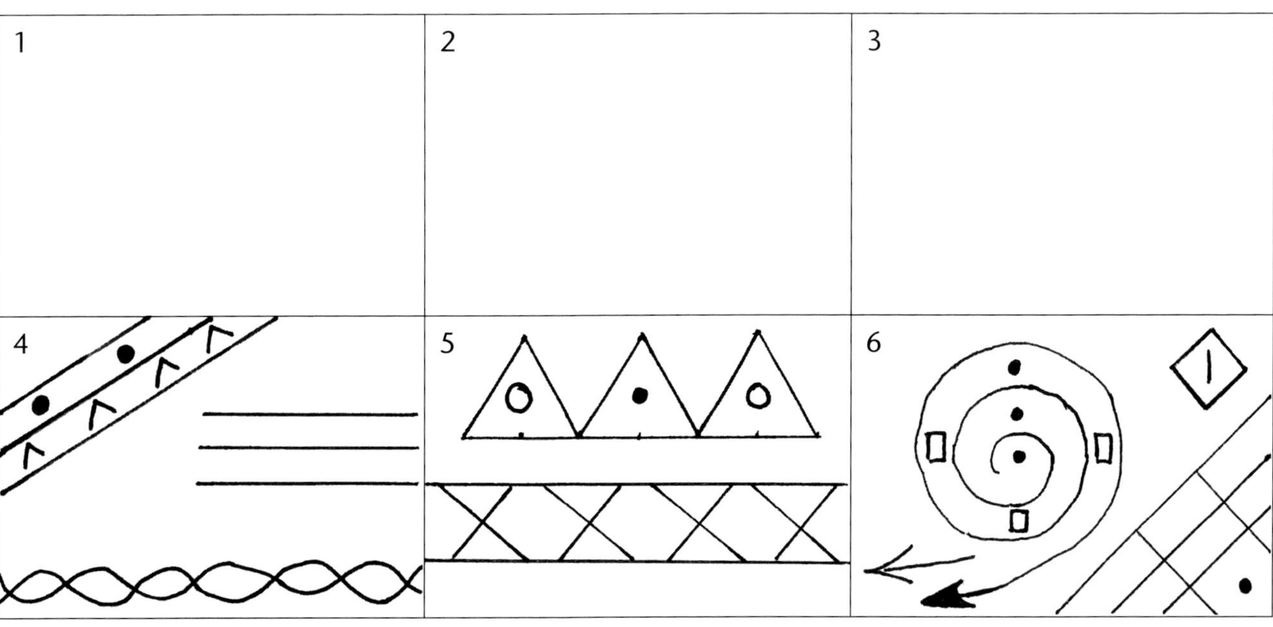

Begriffskarten zum Beschreiben (und/oder Malen)

Banane	Stunde	Schnee	Geheimnis	Frage
Käse	Seele	Tomate	Wut	Apfel
Freude	Wissen	Meer	Eifersucht	Zorn
Rose	Wind	Gedanke	Müdigkeit	Ampel
Zitrone	Angst	Boot	Erfolg	Rache
Gedächtnis	Elefant	Schönheit	Schneemann	Talent
Sonne	Geräusch	Ei	Musik	Affe
Ewigkeit	Glauben	Zahn	Kälte	Klobrille
Schmerz	Wärme	Langeweile	Trauer	Wellen
Sucht	Straßenlärm	Jahr	Buße	Taubheit

Geschichten aus Werbeanzeigen

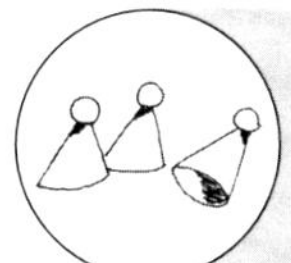

5.–8. Klasse

45 min

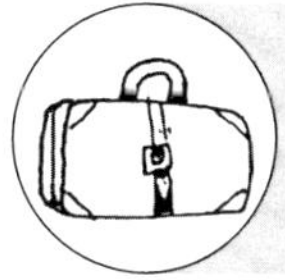

Schülerheft, Adjektive aus einem Werbetext, evtl. verschiedene Werbeanzeigen auf Folie

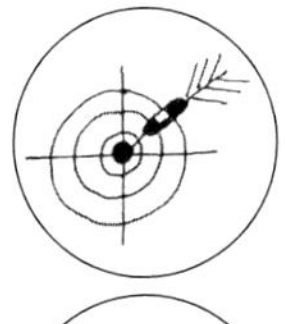

Kennenlernen der sprachlichen Mittel der Werbung, den manipulativen Charakter von Werbung erkennen, kritische Auseinandersetzung mit Werbestrategien

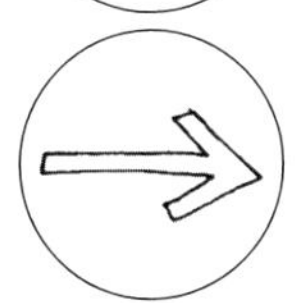

Adjektive aus einer Werbeanzeige notieren, evtl. Werbeanzeigen auf Folie kopieren

Zu Beginn der Stunde schreibt der Lehrer Adjektive, die aus einem Werbetext oder einer Werbeanzeige stammen, an die Tafel und fordert die Schüler auf, mithilfe dieser Wörter eine kurze Geschichte zu erfinden. Die Geschichten werden im Plenum vorgetragen, bevor der Lehrer die Werbung an die Wand projiziert, aus der die Adjektive entnommen wurden. Ausgehend von dieser Werbeanzeige können die Funktion von Werbung, ihre manipulative Wirkung und die einzelnen Elemente einer Werbeanzeig analysiert und evtl. im Tafelbild festgehalten werden.

Vorschlag für ein Tafelbild:

Elemente einer Werbeanzeige

Bild des Produkts
- Slogan / Headline (rhetorische Mittel, Erregung von Aufmerksamkeit)
- Fließtext mit Infos über das Produkt
- Logo / Produktname / Firmenname
- farbliche Gestaltung (grelle oder gedeckte Farben?)
- Bildaufteilung (Blickfang?)

AIDA-Formel zur Analyse von Werbeanzeigen:

A	**attention**	Wie wird Aufmerksamkeit erregt?
I	**interest**	Wie wird erreicht, dass Interesse entsteht?
D	**desire**	Wie entsteht der Wunsch, das Produkt zu kaufen?
A	**action**	Warum wird der Kunde das Produkt kaufen?

Nun können die Schüler aufgefordert werden, in Gruppenarbeit selbst Werbeanzeigen zu einem selbstgewählten Produkt anzufertigen (z. B. eine Werbeanzeige für die eigene Schule, die Theatergruppe, den Chor etc.).

Die Ergebnisse werden gegen Ende der Stunde im Plenum präsentiert.

Als Einstieg kann man auch Werbeanzeigen ohne den dazugehörigen Slogan zeigen und die Schüler stellen Vermutungen darüber an, für welches Produkt geworben wird.

Steht eine Doppelstunde zur Verfügung, können verschiedene Slogans auf ihre sprachlich-stilistischen Besonderheiten hin untersucht werden.

Auch die Analyse des Bilds in der Werbung bietet sich an (Größe der Produktdarstellung, welche Personen werden abgebildet etc.)

Die Schüler können aufgefordert werden, Werbeslogans zur sprachlichen Analyse zu nennen.

Bibliotheksbesuch/ „Überraschungs-Büchertasche“

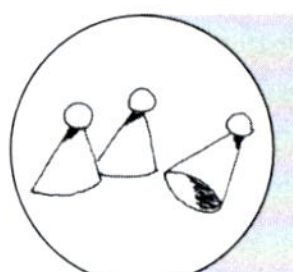

5.–10. Klasse

45 min

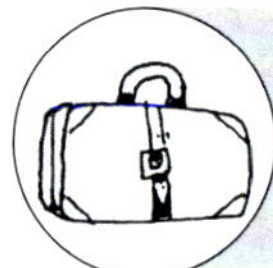

Besuch der Bibliothek oder Büchertasche mit verschiedenen Lexika

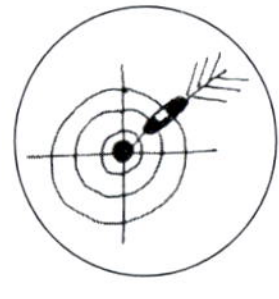

Kennenlernen der Bibliothek, Arbeit mit Lexika

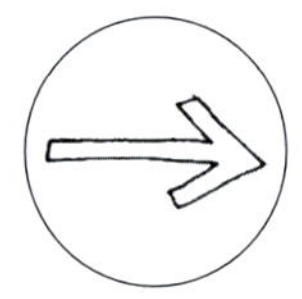

Keine oder Bereitlegen verschiedener Lexika

Eine Vertretungsstunde lässt sich auch sinnvoll für den Besuch der Bibliothek nutzen. Steht mehr Vorbereitungszeit zur Verfügung, kann man auch im Voraus eine „Überraschungs-Büchertasche“ mit verschiedenen Lexika bestücken, aus der man dann in der Stunde die Schüler einzelne Bücher auswählen lässt.

Einige Lexika, die man einsetzen kann:

Duden – Redewendungen, Wörterbuch der deutschen Idiomatik; (mehr als 10.000 feste Wendungen, sprichwörtliche Redensarten und Sprichwörter), Mannheim u.a., 2002
In diesem Band wird der Ursprung vieler bekannter Redewendungen erläutert, was häufig zu interessanten Erkenntnissen führt. Ein Schüler kann eine Redewendung nennen, über deren Herkunft dann spekuliert wird. Anschließend vergleicht man die Spekulationen der Klasse mit dem belegten Ursprung.

> Beispiel: mit allen Wassern gewaschen sein:
> „Diese Wendung bezog sich ursprünglich auf Seeleute, die schon mit dem Wasser verschiedener Ozeane in Berührung gekommen sind, also weit gereist und daher sehr erfahren waren.“

Nabil Osman (Hrsg.): **Kleines Lexikon untergegangener Wörter**, Wortuntergang seit dem Ende des 18. Jahrhunderts, München, 2004
Ein Schüler wählt ein untergegangenes Wort und lässt seine Mitschüler raten, welches Wort wir heute dafür verwenden.

> Beispiel: Harnprophet = Arzt (Spottname für Ärzte, die versuchten aus dem Harn Krankheiten zu diagnostizieren)

Hans Bahlow (Hrsg.): **Deutsches Namenlexikon**, Herkunft und Bedeutung von 15.000 Vor- und Nachnamen, Bindlach, 2004

Günther Dosdrowski (Hrsg.): **Lexikon der Vornamen**, Herkunft, Bedeutung und Gebrauch von mehreren tausend Vornamen, Mannheim u.a., 2. neu bearb. u. erw. Aufl. 1974
So können die Schüler mehr über die Herkunft und Bedeutung ihrer Namen erfahren.

Der Große Duden / 7: **Etymologie, Herkunftswörterbuch der deutschen Sprache**, Mannheim u. a., 1963
Die Schüler können sich gegenseitig befragen, aus welcher Sprache bestimmte Wörter stammen.

Die Schüler können auch aufgefordert werden, in der Bibliothek auf die Suche nach geeigneten Lexika zu gehen.

Sinnvoll ist es, für jedes Lexikon einige interessante Beispiele als Einstieg vorbereitet zu haben, denn nicht immer gelingt es auf Anhieb, geeignete Einträge zu finden.

Ein Koffer voll Glück und der große Applaus

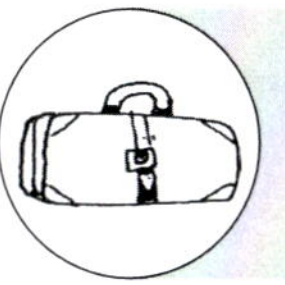

5.–7. Klasse

45 min

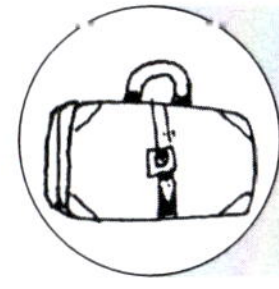

kein Material notwendig

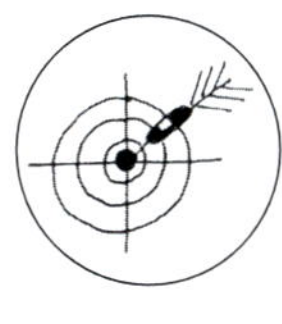

Förderung positiver Kommunikation, Stärkung des Selbstwertgefühls

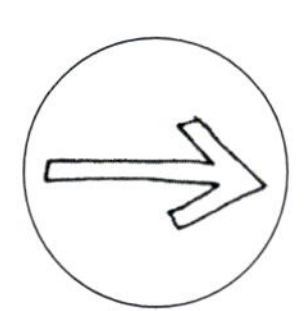

Bilden eines Stuhlkreises, Bildung von Teams

Alle Schüler bilden einen Kreis. Die Regeln des Spiels entsprechen denen des Spiels „Ich packe meinen Koffer …". Allerdings dürfen nur Dinge, die Freude bereiten, eingepackt werden. Ein Schüler beginnt mit folgendem Satz: „Ich packe in meinen Koffer viel Glück und schenke ihn dir." Jetzt ist der Schüler zu seiner Rechten an der Reihe. Er muss den Satz wiederholen und etwas Neues in den Koffer packen, z. B.: „Ich packe in meinen Koffer viel Glück und Sonnenschein und schenke ihn dir." Auf diese Weise wird der Koffer reihum weitergegeben, bis alle an der Reihe waren. Wenn die Klasse sehr groß ist, bildet man einfach zwei Stuhlkreise oder man eröffnet nach der Hälfte eine neue Runde.

Im Anschluss kann das Spiel „Der große Applaus" zur Belohnung für die Gedächtnisleistung der Klasse gespielt werden:
Die Schüler schließen sich in Gruppen zu vier Personen zusammen. Jede Gruppe muss sich nun eine besondere Art und Weise eines tollen, außergewöhnlichen Applauses ausdenken. Selbstverständlich kann die Gruppe einfach klatschen, aber das ist ja bereits hinlänglich bekannt. Ausgefallener ist beispielsweise ein „Gewitterapplaus", der erst mit dem Rauschen des Windes (Reiben der Hände) beginnt, dann folgen einzelne Regentropfen (Fingerschnippen), heftiger Regen (Klatschen auf die Oberschenkel) bis sich das Gewitter mit Donner und Blitzen (Stampfen mit den Füßen auf den Boden) entlädt, was den Höhepunkt des Applauses darstellt.

Beide Spiele tragen nicht unwesentlich zu einer Verbesserung des Klassenklimas oder zumindest der Stimmung bei. Es tut den meisten Schülern gut, sich positive Sachen zu überlegen, die man verschenken kann. Für viele fühlt sich das wie ein richtiges Geschenk an. Auch die Tatsache, Applaus zu bekommen, ist für die meisten Schüler eine ganz neue, angenehme Erfahrung, wenn auch am Anfang häufig ungewohnt oder sogar ein bisschen peinlich. Aber dieses Gefühl legt sich erfahrungsgemäß sehr schnell!

Neugierig sein

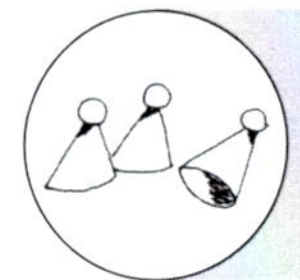

5.–7. Klasse

45 min

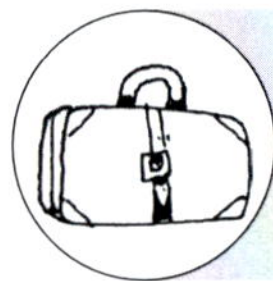

doppelt so viele Karten wie Schüler

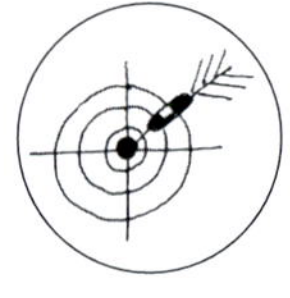

Förderung der Ausdrucksweise, Verbesserung des Klassenklimas

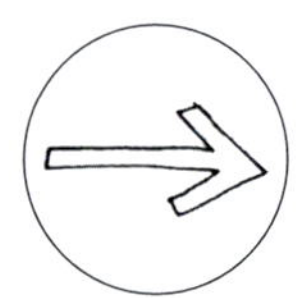

Bereitlegen leerer Karten und Formulierung von Beispielfragen

Sinnvoll ist, zu Beginn der Stunde ein kurzes Spiel zur Aktivierung der Klasse zu spielen, z. B. das Spiel „Magnetismus“:
Tische und Stühle werden an die Wand gerückt und alle Schüler bewegen sich frei im Raum. Der Lehrer ruft nun beispielsweise „Alle Brillenträger sind magnetisch!“ Nun müssen sich alle Schüler einen Mitschüler suchen, der eine Brille trägt, und ihre Hand in dessen Richtung ausstrecken und wie „eingefroren“ stehen bleiben. Im Anschluss stellen sich alle Schüler, die sich um einen Brillenträger gruppiert haben, kurz vor.
Es sollten gut erkennbare Merkmale gewählt werden, die „magnetisch“ wirken (z. B. alle mit Jeans, mit Turnschuhen, mit Gürtel, mit Ohrringen, mit der Farbe Schwarz in der Kleidung, mit Halstuch etc.). Sind die Schüler nun aktiviert, setzen sich alle in einen Kreis. In der Mitte liegen zwei Stapel Karten (jeweils in Klassenstärke). Auf die Karten des einen Stapels schreibt jeder Schüler seinen Namen und legt die Karte zurück. Auf eine Karte des zweiten Stapels schreibt jeder Schüler eine Frage, die er gerne von irgendeinem seiner Mitschüler beantwortet hätte.

Beispiele:

- Kannst du gut tanzen?
- Was isst du am liebsten?
- Welchen Sport treibst du?
- Was machst du in den Ferien am liebsten?
- Gehst du gerne in die Schule?
- Welchen Beruf willst du später ausüben?
- Liest du Zeitung?
- Wie lange bleibst du am Wochenende auf?

Reihum wird nun immer eine Karte von Stapel 1 mit den Namen und von Stapel 2 mit einer Frage gezogen, die derjenige beantworten muss, dessen Name gezogen wurde.

Der Schüler, der die Frage beantwortet hat, kann auch einen anderen Schüler aufrufen, von dem er gerne die Antwort auf die Frage hätte. Dadurch erhält man nicht selten auch ein aufschlussreiches Soziogramm der Klasse.

Auf diese Weise entstehen lustige Fragekombinationen, die eine gelöste Atmosphäre schaffen.